書山有路勤為徑

學海無崖苦作舟

文經閣

書山有路勤為徑
學海無崖苦作舟

文經閣

菜根譚的人生88個感悟

明 洪應明◎原著
秦漢唐◎編著

《菜根譚》齊家修身教子的教材

《菜根譚》書名取「嚼得菜根者百事可做」之意。

本書糅合了儒家中庸之道、釋家出世思想和道教無為思想，結合自身人生體驗，形成一套出世入世的警語，教導人們從塵世中解脫、修行、把握自我。

在這部歷久彌新的智慧書中，每個人都可以找到自己需要的東西。

政治家可以找到謀略；商人可以找到機智；僧侶可以找到博大和寬柔；更多的凡人則可以找到安享生活的真諦。

前言

《菜根譚》書名取「嚼得菜根者百事可做」之意。作者洪應明早年曾熱衷於仕途功名，晚年歸隱山林，洗心禮佛向道。集畢生的學識著述《菜根譚》，本書糅合了儒家中庸之道、釋家出世思想和道教無為思想，結合自身人生體驗，形成一套出世入世的警語，教導人們從塵世中解脫、修行、把握自我。

《菜根譚》一出，獲得了極高的評價，明代人們對《菜根譚》的評價是：「談性命直入玄微，且會隨著時間的磨礪更加耀眼。」在這部歷久彌新的智慧書中，每個人都可以找到自己需要的東西。政治家可以找到謀略；商人可以找到機智；僧侶可以找到博大和寬柔；更多的凡人則可以找到安享生活的真諦。

《菜根譚》好似包羅萬象的智慧寶庫，又像一位慈愛的長者，靜靜地敘述著人世百態，教導你如何修性律己，「風斜雨急處，立得定腳」，培養你一顆樸素、純淨的赤子之心，「涉世淺，點染亦淺；歷事深，機械亦深。故君子與其練達，不若樸魯，與其曲謹，不若疏狂。」告訴你安身立命之道，「立業建功，事事要從實地著腳，若少慕聲聞，便成偽果。」如清風，如細雨，沒有痕跡，卻點滴入心。

靜靜地讀，細細地品，你會覺得菜根越來越香，煩躁的心越來越靜，彷彿生出了一對透視世間的慧眼，心地立時淡然、明澈。

生活中，最好將《菜根譚》閒置在床頭、書桌，心中浮躁時，可常去書中接受洗禮。隨時可以翻閱幾頁，靜悟片刻，把自己的人生慢慢浸透其中，就可以洗去如煙般的浮華，獲取心靈的寧靜。

罷釣歸來不繫船江村月落
正堪眠縱然一夜風吹去只在蘆
花淺水邊 寫唐人詩意

01 榮辱得失不上心

【原文】

寵辱不驚，閒看庭前花開花落；
去留無意，漫隨天外雲捲雲舒。

【譯文】

對於一切榮耀與屈辱無動於衷，用安靜的心情欣賞庭院中的花開花落；對於官職的升遷得失絲毫不放在心上，冷眼觀看天上浮雲隨風聚散。

【人生感悟】

《菜根譚》中的這段話被人廣泛引用，或自我勉勵或表明心跡，深受國人喜愛。

寵，是得意的總表相。辱，是失意的總代號。得到了榮譽、寵祿不必狂喜狂歡，失去了也不必耿耿於懷。憂愁哀傷、得失界限不會永遠不變，一切功名利祿都不過是過眼雲煙，得而失之，失而復得這種情況都是經常發生的。意識到一切都可能因時空轉換而發生變化，就能夠把功名利祿看淡看輕，做到「榮辱毀譽不上心」。

很多人認為這句話是告訴人們，要放下榮辱得失之心，什麼事都不計較，自然雲淡風輕。實際上這句話最終的含義在於要看透世間的榮辱得失，關鍵時刻為自己所用。

因為人只要在這個世界上生存，就避免不了「榮辱毀譽」的困惑，放下幾乎是不可能的，只有看透這些，進而利用它為自己服務，才是根本。就像庭前的花，春天來了，節氣適合就勃勃開放，秋冬之際，萬物蕭條，就凋落養息；天上的雲也是如此，自由舒捲，陰晴雨雪，自有境界。

歷史上大有寵辱不驚之人，他們達觀飄逸不以世事為重，就如莊子、列子這樣的賢人，世人很是羨慕他們的快樂，因而在工作之餘也去學學，希望自己也能達到寵辱不驚的境界，那樣就可以從容地處理事情了。

可是遺憾的是，真正能寵辱不驚的人往往是信奉無為而治的，什麼事情都順其自然。也就是說只要你有工作要做，有事情要處理，要和別人交往，要吃飯、要睡覺……總之，只要你生活在這個塵世裡，要做到「寵辱不驚」幾乎就是很難的。

世人學習「寵辱不驚」有點成果的最多是「寵而不驚」，寵而不驚的人以為天命如此，這是我本該享有的，心安理得地去享用了，沒有了責任與緊迫感。

歷史上「辱而不驚」的人最成功的莫過於韓信，胯下之辱坦然受之，終於成就了事業。但據記載，韓信在確定受辱之前已是怒髮衝冠，只是迅速衡量利弊之後才做出了驚人之舉，接受了眼前的事實。

可是多數人得不到「天生的富貴」，要在社會上打拚才能生存，很難做到「寵而不驚」，而平常人面對「胯下之辱」，最好的心態就是阿Q式的自我安慰一下，事後多半不能成就什麼大事。

所以面對生活中迎面而來的榮辱得失，最重要的是認真分析，看透看明白，然後向有利於自己的方向轉化，該開花的時候就開花，該枯萎的時候就枯萎。

唐朝有個叫盧承慶的人，為官清廉，做事認真，講求實際。他當的是考工員外郎。這是隸屬於吏部的官職，主要負責考察官員。

當時，考察官員有級別標準，先大體分成上中下三級，然後每一級再分成上中下三等，比如最好的是上上，差一點的是上中，以及中中、中下、下下之類。

有一次，盧承慶考核一個監督運糧的官員。這個人在運糧食的過程中，由於翻船把不少糧食掉進了河裡。因此，盧承慶只給他定了一個中下，「沒給你弄個下下就是顧全你的面子了。你把船都弄翻了，國家的糧食丟失了那麼多，所以只能給你中下這麼一個評價。」

可是，這個運糧官得到中下的評語，一點也沒生氣著急，反而談笑自若，氣定神閒。盧承慶覺得，我給他這麼低的一個評價，他都沒生氣，說明他意識到了自己的錯誤，這人還行；從這點上來講，這個人有認錯表現，有責任心，改個中中吧。改成中中後，這個運糧官也沒因此而高興。盧承慶心想這個人真絕，「寵辱不驚」，無論怎樣，他都能坦然面對。他又調查到，那次船翻，不是此人管理不善造成的，而是因為突然遇到大風，把糧船吹翻了。總之，不是人為的原因。盧承慶一想：我給他中中看來也不合適，又改成了中上。這個運糧官還是沒有因此而特別高興。從此盧承慶對他印象很好，以後在吏部考核的時候，就注意提拔了他。

這個「寵辱不驚」的人正是看透了世間的人性，利用自己的心態使自己連連升級，而如果真是「去留無意」何必為官蹚這池渾水呢？

寵辱不驚是人們安身立命於這個複雜世界的一種人生態度，是一種能在各種有利或不利環境中「處變不驚」的處事方式，又是一種「自求平衡、化險為夷」的生存本領。最重要的是，一要看得開，二要忍得住。人人都希望擁有愜意的生活，面對「寵辱」，我們可以「不驚」，可以自己適度調節、把握和控制，一切為自己所用。

02 與人交往的四條黃金法則

【原文】

我有功於人不可念，
而過則不可不念；
人有恩於我不可忘，
而怨則不可不忘。

【譯文】

我雖然對別人有過功勞，也不要掛在嘴上或心頭；
如果做了對不起人的事，就應當時時刻刻地反省。
別人如果對我有過功勞，就不能輕易將恩情忘記；
別人做了對不起我的事，就應當乾淨徹底地忘掉它。

【人生感悟】

人活在這個世界上，最多的事情就是與人打交道，怎樣做才能和諧共處呢？那就需要好好看看上面這段話。它明確地闡述了四種最常見，也是最難處理的交往狀態以及應對辦法。

首先，一個人為別人做了好事，不要念念不忘，更不應希冀別人回報。從古至今，這樣的例子很多。晉人葛洪所撰《神仙傳》上記載：三國時期，東吳有個人名字叫董仙，住在匡山，以行醫餬口，為人治病，他不向患者要金錢報酬，也不問患者的名字，只求患者在自己的屋後栽種杏樹。治好輕病的栽一棵，治好重病的栽五棵，若干年後，共栽得杏樹十萬棵，綠樹成林，造福子孫後代。所以人們後稱杏樹為「董仙杏樹」，並作為救死扶傷醫治病人的美譽別稱。董仙為別人做了好事，不是要受惠者感恩自己，而是要求受惠者為他人、為社會做好事。

我們應該把古人講的「有功於人不可念」，作為今天待人處世的座右銘。一個人能施惠於人，本來是件好事，但是對自己的善行念念不忘，這樣原來的好意就會變質。更何況受你恩惠的人也不見得有能力回報於你，你對他抱有期望，也許會失望而歸，同時你也會給別人增加負擔。

其次，與「施恩莫念」相對的是我們應該「受恩莫忘」。我國有「滴水之恩當湧泉相報」的傳統，人不能忘本，更不能忘卻自己何以生，何以樂，何以得福，飲水思源，才是做人的根本和正道。

現在，人們都說要懷著感恩的心態生活也是這個道理，西方基督教主張人們向上帝感恩，認為是上帝創造了人類，並拯救人類於迷途之中。其實，感恩是無處不在的，並不是誰幫助了你、關懷著你才要感恩。感恩是一種心態，也是一種境界。

自然，我們要對恩人感恩。但是，不僅僅恩人才值得感恩，生活中一切事物都存在著感恩的情結，父母的恩情、朋友的情誼、戀人的愛情、大自然的一花一木、生活中的挫折、自己的信仰……都需要我們用感恩的心態感知和對待。

人的一生被眾多的感情糾纏，比如愛情、親情、友情，總有一些帶給你苦痛，比如成功、得失、進退、榮辱，苦樂酸甜才是人生。唯有常常感恩，才能時時收穫慰藉和幸福。

第三種情況是我們做了對不起別人的事，應當想辦法彌補，儘管有時候是無心之過。但是，自己做錯的事，要負責，心中要有愧疚之感，然後盡力去補償人家。如果沒有這點擔當，就會被人看低，生活的圈子會越來越小，被人排擠在外。

反過來就是第四種情況，別人做了對不起自己的事，不要揪住不放，斤斤計較。在這個世上生來就有仇恨的人不多，傷害自己的人大多都是無心的，能夠退一步諒解他人，就能夠換取他人的道德昇華和感激之心，事情就變得兩全其美。

總之，與人相處，心胸要開闊，心態要調整好，這樣就能愉快地生活在這個多姿多彩的世界上。

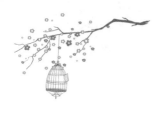

03 以責人之心責己，以恕己之心恕人

【原文】

人之過誤宜恕，而在己則不可恕；己之困辱宜忍，而在人則不可忍。

【譯文】

對於別人的過失應該採取寬恕的態度，而如果錯誤在自己，那麼就不能寬恕；自己遇到困境和屈辱應當盡量忍受，如果困境和屈辱在別人身上就不能置之不問。

【人生感悟】

人世間有很多事情很奇妙，比如人與人相處，如果用對待自己的做法對待別人，用對待別人的辦法對待自己，一切都會相安無事。這個道理說起來很簡單，做起來卻很難，能夠做到這一點的人一定是了不起的人物。

「恕以待人，忍以制怒；待人要寬，律己要嚴」，就是這樣一種高明的待人之道。

為什麼「律己要嚴」？因為每個人身上都有惰性，所以我們常常給自己尋找藉口，放棄一些正當的想法、計畫或原則。如果不善於進行自我控制、做到嚴於律己，那麼我們就很難實現預期的發展目標，最終會因為隨意而為導致一事無成。歷史上，那些成就大事的人無不對自己提出了嚴格要求，即便遇到困難的時候也會迎難而上、積極進取。大禹治水三過家門而不入，就是嚴於律己的最好例證。

大禹帶領大家治水，非常清楚自己要發揮模範帶頭作用，否則就不能讓大家信服。於是，他除了負責總體的指揮以外，親自參加勞動，為老百姓做出了榜樣。根據歷史記載，大禹因為不辭勞苦，手上長滿了老繭，小腿上的汗毛也被磨光了。在大禹領導下，大家經過十多年的艱苦勞動，疏通了九條大河，使洪水流入大海，人們才得以過著太平富足的日子。

在治水的過程中，大禹以身作則、嚴於律己，依靠的是他強大的自制能力，從而產生了嚴格要求自己的自覺行為。和大禹一樣，歷史上的領袖人物想要號令天下，除了借助手中的權力，還要依靠自身的道德情操，而自制能力是非常重要的一項。

「沒有規矩，不成方圓。」事實上，任何事物都離不開規則的約束，我們想要獲得更大發展，必須善於律己。眾所周知，交通規則使行人和車輛各安其位，確保了暢通的交通秩序和人身安全。如果我們降低了標準，整個交通秩序就會變得混亂不堪，喪失了原有的秩序。同樣的道理，個人發展也要遵循一定的標準才能讓我們走得更遠，不至於偏離了既定的方向，這就是韓愈所說「行成於思毀於隨」的道理。

待己所以要嚴，因為不嚴會使自己一錯再錯；待人所以要寬，為的是給人自新的機會。假如我們能以責人之心責己，就會減少自己很多過失；以恕己之心恕人，就可以維護人際之間的良好關係。己所不欲，勿施於人，這種推己及人的恕道，是一個人修養品德的第一要義。

04 制怒者制勝

【原文】

當怒火欲水正騰沸處，明明知得，又明明犯著。知的是誰？犯的又是誰？此處能猛然轉念，邪魔便為真君矣。

【譯文】

當一個人的憤怒像熊熊烈火一般上升，欲念有如開水一般在心頭翻滾時，雖然他自己明知這是不對的，可是他眼睜睜地不加控制。知道這種道理的是誰呢？明知故犯的又是誰呢？假如當此緊要關頭能夠突然改變觀念，那麼邪魔惡鬼也就變成慈祥的上帝了。

【人生感悟】

電影《林則徐》中有一個鏡頭令很多人難以忘記，那就是查禁鴉片重任未酬的林大人在聞聽地方官員與洋人勾結而大動肝火時，抬眼看到自題匾額「制怒」，立即冷靜下來，將憤怒轉成明智，果然，查禁工作順利進行，洋商和污吏均未逃脫。

這個情節給了我們一個重要啟示：人們在碰到令自己氣憤的事情時，如果頭腦不發熱，便能急而不躁，怒而不發，在冷靜中尋找處理的辦法，想出對策，這樣會取得較好的結果。

心理學研究證明，一個人心情舒暢，精神愉快，中樞神經系統處於最佳功能狀態，那麼，他的內臟及內分泌活動在中樞神經系統調節下處於平衡狀態，使整個機體協調，充滿活力，身體自然健康。

人一旦有了火氣，不僅心情不好，而且嗓子發乾，嘴角起泡，還有可能引發其他疾病。最重要的是，火氣太旺，做事情往往不能站在客觀的角度，個人情緒往往佔了上風，不利於問題的解決。

許多場合，因為不可抑制的發火，使人失去了解決問題的良好時機。而且，一時衝動的發火，可能意味著事情過後須付出高昂的代價。在實際生活中，發火導致的損失是無法彌補的。你可能從此失去一個好朋友，失去一批客戶；你的形象可能從此在上司眼裡受到損害，別人也會對與你合作產生疑慮。

發火最壞的後果是，人在壞情緒的支配下，往往不顧及別人的尊嚴，並且嚴重地傷害了別人的面子。損害他人的物質利益也許並不是太嚴重的問題，而損害他人的感情和自尊卻無異於自絕後路，自挖陷阱。

生活中，也有很多人喜歡把「忍」或「制怒」作為座右銘，這說明人們都能意識到「怒火欲水」之害，但又很難一下子控制得了。

生活中，「制怒」有許多技巧，如「避免法」，努力避免正面衝突；「吐露法」，將煩惱說給摯友聽，將憤怒傾瀉在永不發出的信紙上，事後把它撕掉；「想像法」，透過聯想消怒；還有「轉移法」、「忘卻法」等，都是制怒的好方法。

每個人都要學會「制怒」，以寬容樂觀的心態處世，與家人、親朋、同事、鄰里和睦相處。這樣做，既善待了他人，更是對自己生命的愛護。

05 追求精神上的富貴

【原文】

平民肯種德施惠，便是無位的公相；士夫徒貪權市寵，竟成有爵的乞人。

【譯文】

一個普通百姓只要肯多積功德廣施恩惠，就像是一位沒有實際爵位的卿相受人景仰；反之，一個達官貴人只是一味貪圖權勢，把官職權力作為一種買賣欺下瞞上，這種人行徑卑鄙得如同一個帶爵祿的乞丐一樣。

【人生感悟】

行善或作惡不在名位高低和物質財富的多少，而完全在於人的品行。雖然貧苦的人沒有奢侈豪華的物質生活，但是假如他們能夠廣施恩惠，行善積德，做的都是有利於他人的事，那即是真行善；雖然這些人沒有什麼權力和地位，生活也很平淡，但是由於他們真心行善積德，發自內心去幫助別人，他們也會受到別人的敬佩。

靠撿破爛為生的劉老先生，在18年的時間裡，將一百多萬元捐助給了全國各地超過500多名貧困生，劉老先生的人生信念就是：多做好事，莫問前程。

他說：「我買10塊錢東西心疼，但捐助別人多少都不心疼，我是給人解燃眉之急，不是叫他去吃吃喝喝。夠吃的，夠穿的，就別求太多，有那些錢，多資助些人。」

閒下來的時候，劉老先生整理著一摞摞折疊得整整齊齊的報紙和信封，信封裡有厚厚一疊匯款單，有兩百的、五百的、一千的，甚至五千、一萬的都有。匯款地址由北到南，城市到鄉鎮、部落哪個地方都有。此外還有三百多封受捐助學生的來信，開頭有叫他爸爸的，但更多的是叫他「劉阿姨」、「劉奶奶」，老人倒是一點也不在乎，說：「稱呼不重要，我這個人也不重要，只要對他們有幫助就行。」

佛學上講：善念為佛。不管他是什麼樣的人，只要積德行善就可以贏得眾人的尊敬。

有身分有地位的人，他們的一舉一動影響比平民大，就是我們所說的「公眾人物」，但是假如其熱衷於功名利祿，貪戀權位，甚至為了獲得權位阿諛諂媚，胡作非為，招朋呼友，爭權納賄，這種人就是人格上的乞丐。

他們之中有的人為了得到某種利益而拋棄了做人的尊嚴，有的人利用不法手段掠奪別人的錢財，然而他們心靈空虛，每天花天酒地，為所欲為，做盡壞事。這種人格上的乞丐在現實生活中很多，比物質上的乞丐更可怕。

金錢只能衡量一個人物質財富的佔有程度，卻不能用來衡量一個人的精神狀況。那些精神上、心靈上、感情上、人格上的乞丐，其實和物質上的乞丐一樣可憐。一個人只有自強、自立、自珍、自愛、自重，才能做「沒有實際爵祿而恩澤普施的公卿宰相」，才能避免扮演可悲的角色。

06 一定要有自己的主見

【原文】

毋因群疑而阻獨見；
毋任己意而廢人言；
毋私小惠而傷大體；
毋借公論以快私情。

【譯文】

不要因為大家都持懷疑的態度而影響自己獨到的見解；
不要固執己見而不重視別人的意見；
不要因為貪戀小的私欲而影響了大家的利益；
不要借公眾的意見來滿足自己個人的私欲。

【人生感悟】

很多時候，我們面對複雜的情況內心很矛盾，到底是從善如流，還是堅持己見，從善如流有人云亦云之嫌，堅持己見有故步自封之疑，總之，事情的最終結果沒有出來之前，很難說哪一方是正確的。但是現實不允許我們事前演練，否則每個人都能成為偉人，兩相為難之際，選擇的原則是聽取別人的意見，但一定要有自己的主見，同時，心地要光明磊落。

從現實而言，不可能有絕對的民主，也不可能什麼事都按自己的意志做，必須經過公議，也必須有最後的決策者。但決策人要善於公正地吸取各方面的意見，不存私心地採納意見，這樣最後的決策才可能正確。

著名企業家、香港珠寶大王鄭裕彤說：「當團隊會議進行到做出決策的時候，你通常要尋求一致同意，至少在做重要決策的時候應該是這樣的。因為你需要大家贊同你的決策，各自承擔起自己的職責，從而確保決策順利實行。」

但是，話又說回來，人固然要有從善如流的意識，但絕不應該人云亦云，所謂「千人盲目一人明，眾人皆醉我獨醒」，有時真理往往在少數人手中，該堅持的原則絕不可動搖。

鄭裕彤說：「管理者的決策是這樣形成的：聽大多數人的意見，和少數人商量，自己做決定。」

有一句俗話叫「三人成虎」。對於自己的見解或者某一舉動，只是因為受到了許多人的懷疑，就產生了動搖的思想，甚至放棄了自己獨特的見解和觀點，這是極端錯誤的，這是對自己不負責任的表現，只要我們做的事，我們的觀點是正確的，就應該責無旁貸地堅持下去。

鄭裕彤說：「一種普遍的誤解認為，一致的決策就是所有人毫無異議的贊同。這樣的話，很多決策在實際決定過程中其實是比較困難的。」

環顧我們生活的周圍世界，我們會十分明顯地感到一點，要想使每個人都對自己滿意，這是十分困難而且不大可能的。實際上，如果有50%的人對你感到滿意，這就算一件令人愉悅的事情了。要知道，在你周圍，至少有一半人會對你說的一半以上的話提出不同意見。只要看看西方的政治競選就夠了：即使獲勝者的選票佔多數，但也可能還有40%之多的人投了反對票。因此，對一般的常人來講，不管你什麼時候提出自己的看法，有50%的人提出反對意見，都是一件十分正常的事情。

關鍵的時候，堅持自己的意見是正確的，但是有一點必須記住，就是要杜絕自己的私欲貪念。有的人堅持自己的意見不是為了把事情做好，而是為了一己之私或者是為了壓過別人。這樣做的話，就會失去理智，最終滿盤皆輸。

07 天下沒有白吃的午餐

【原文】

非分之福，無故之獲，非造物之釣餌，即人世之機阱。此處著眼不高，鮮不墮彼術中矣。

【譯文】

不是自己分內應享受的幸福，無緣無故得到意外之財，即使不是上天故意來誘惑你的釣餌，也必然是人間歹徒來詐騙你的機關陷阱。

為人處世如不在這些地方睜大眼睛，是很難逃過他人的詐術圈套的。

【人生感悟】

能夠在非分的利益面前不動心，一定是一位品質高尚，能做大事的人。但是看似簡單的一件事，世上卻有多少人倒在了「非分之福，無故之獲」之上！

從前，有一位愛民如子的國王，在他的領導下，百姓豐衣足食，安居樂業。深謀遠慮的國王卻擔心當他死後，百姓是不是也能過著幸福的日子，於是他召集了國內的有識之士，命令他們制定一部能確保百姓永遠幸福的法典。

過了三個月，這班學者把三本六寸厚的帛書呈上給國王說：「國王陛下，天下的知識都彙集在這三本書內。只要天下百姓讀完它，就能確保他們的生活無憂了。」國王不以為然，因為他認為百姓都不會花那麼多時間來看書，看也不一定能看懂，所以他再命令這班學者繼續鑽研。兩個月內，學者們把三本簡化成一本。國王還是不滿意，再一個月後，學者們把一張紙呈上給國王，國王看後非常滿意地說：「很好，只要黎民百姓都能奉行這寶貴的智慧，我相信他們一定能過著富裕幸福的生活。」

這張紙上寫的只有一句話：「天下沒有白吃的午餐。」

「天下沒有白吃的午餐」這句話是天下無盡智慧的精華，它告誡天下人要用自己的努力去爭取美好的生活。

非分之想不可有，不義之財不可要，非我之物不動心。這樣才能避免災禍降臨。「天欲禍之，必先福之」，「非分之收穫，陷溺之根源」。

詐騙者所以能詐得錢財，就是利用人們貪圖非分之財的弱點，這跟鳥魚貪圖食物而上鉤完全相同。只要你心中一生貪念，那麼就會一步步走入他人所設定的圈套。

許多貪官的慘痛教訓也是如此。俗話說：「吃人嘴軟，拿人手短。」行賄的人欲有所圖便從物欲上先滿足你。有些人往往利令智昏，糊裡糊塗就把釣餌吞下，由此便身敗名裂。想清名於世，安然於世，必須做到非我之財不取，明白「非分收穫，陷溺根源」的道理。

但令人遺憾的是，許多求財若渴的人都會忽略這樣一個道理：天下沒有白吃的午餐。

08 自制者，制天下

【原文】

降魔者先降自心，心伏則群魔退聽；
馭橫者先馭此氣，氣平則外橫不侵。

【譯文】

要制伏邪惡必須先制伏自己內心的邪惡，內心的邪惡被降伏之後，心靈自然沉穩不動，這時所有其他的邪惡自然就產生不了作用；

要想控制不合理的橫逆事件，必須先控制自己容易浮動的情緒，自己的情緒控制住以後，自然不會心浮氣躁，到那時，所有外來的強橫事物就不能侵入。

【人生感悟】

《六祖壇經》有言：「心平何勞持戒，行直何用修禪。」「菩提只向心覓，何勞向外求玄。」這也是說，心是人的一切行為主宰，對於個人的修養來講，外在的邪惡容易被看到、克服，內在的邪念會成為自己修養中無形的障礙。為什麼這麼說呢？因為外在的力量畢竟不能完全左右自己，假如自身心猿意馬，陷入迷惑，那就容易受到邪念的干擾。這種情況是最可怕的。

所以，古人說「破山中之賊易，破心中之賊難」，可見人間最大的敵人就是自己，千萬不可忽略隱藏在內心的邪念，必須先制伏這種內心邪念才能少犯錯誤，走正確的路，辦正確的事情。

古代有智慧的賢人講修養，就是改造內心世界，強調只有內心靜如止水，才可以達到「百邪不入，寒暑不侵」的境界。

外在的物欲、花花世界和勢利繁華對一個人的心理誘惑的確很大，就像鴉片一樣，能讓一個正常的人著魔，令人不可思議，也令人無法控制。其實，產生這樣的念頭，也是不足為奇的，因為我們是真實存在的群體，哪一個人都不可能是苦行僧，每個人都有七情六欲，尤其是面對外來的各種誘惑力和邪念，不可能無動於衷，這也是人之常情。但是，一旦著魔，也就是自己的心被邪念控制，就會背離人生的正常軌跡，心魔就會把一個人引上邪路。

怎樣才能控制這種欲望和貪婪的念頭呢？只有一招，那就是：「伏魔先伏自心。」也就是說一個人要控制抵禦外來的種種誘惑，最重要的就是要控制自己的私心雜念，剷除一切齷齪的行為以及陰暗的思想和理念，如果我們能夠做到這一點，那麼無論外面的花花世界有多麼大的誘惑，都會在我們的真實本性面前消失的。

日常生活中，無論做什麼事情，都要腳踏實地，實實在在，不能只是貪圖虛名和物質享受，見利忘義。只有這樣，正氣才能壓住邪氣，抵制自己內心的惡魔。一個人的私心本來就是沒有底線的，如果得到的越多，反而要求的更多，永遠不會滿足，這樣貪婪之心就無法遏制了，從而使人們偏離正確的道路。

老子說「自制者強」，「強行者有志」，的確是千古不變的至理，值得我們三思。應當說，強制自我完善和心性修養，達到精神境界的昇華在今天仍有其積極意義。

09 反省自己，不要怨天尤人

【原文】

反己者，觸事皆成藥石；尤人者，動念即是戈矛。一以闢眾善之路，一以濬諸惡之源，相去宵壤矣。

【譯文】

能夠時時進行自我反省的人，不論他所接觸的是什麼東西，都會變成使自己警惕的良藥；只知道對別人挑剔埋怨的人，不論他所閃現的是什麼念頭，全都是殺氣騰騰的惡毒打算。

可見自我反省是使一個人通往行善之路的唯一途徑，而怨天尤人卻是走向各種罪惡的源泉，兩者之間真是有天壤之別。

【人生感悟】

每個人的一生中總有坎坷、失敗，總有事情做不好的時候，這個時候以什麼樣的態度去對待反映了這個人的品德修養。一般情況下有兩種人，一種人反省自己，一種人怨天尤人。這在現代心理學上稱之為「歸因理論」。

正是每個人看問題的方法不一樣，站的角度不一樣，得的結論自不相同；一個人肯多作自我檢討，萬事都可變成自己的借鑑。孔子說：「見賢思齊焉，見不賢而內自省也。」「內省」就是一種「反己」功夫。但是生活中的很多現象往往是相反的，遇到了種種矛盾往往埋怨對方，碰見了衝突，總是指責對方，什麼事總是自己對，總是從自己的角度出發。這種人在對待物質利益上顯得自私，在人際交往上同樣自私。因為不能自省，所以總覺得不平衡，總難進步。

反省自己是一個人修身養性的最佳手段，也是化不利為有利，化戾氣為祥和的途徑。《中庸・十四章》有這樣一比喻：「射有似乎君子，失諸正鵠，反求諸其身。」是說射箭有如君子的做人。射箭而射不中的鵠，必是因自己立得不正的緣故，這不能埋怨他人，只要回轉頭來由自身找原因就是了。埋怨他人不如反省自己，指責別人不如檢討自己。不管你是在順境還是逆境，都應常常反躬自問：自己做得怎樣？

宋代瑞岩和尚每天都要問自己：你頭腦清醒嗎？然後自己回答說：清醒。這樣才算安心。這樣自我警醒、事事問心的修身方法，受到當時的儒學家朱熹和張岱的肯定。

夏朝時候，一個背叛的諸侯有扈氏率兵入侵，夏禹派他的兒子伯啟抵抗，結果伯啟打敗了。他的部下很不服氣，要求繼續進攻，但是伯啟說：「不必了，我的兵比他多，地也比他大，卻被他打敗了，這一定是我的德行不如他，帶兵方法不如他的緣故。從今天起，我一定要努力改正過來才是。」從此以後，伯啟每天很早便起床工作，粗茶淡飯，照顧百姓，任用有才幹的人，尊敬有品德的人。過了一年，有扈氏知道了，不但不敢再來侵犯，反而自動投降了。

我們在遇到失敗和困難時，如果能像伯啟這樣，肯虛心地檢討自己，馬上改正有缺失的地方，而不是找一些不必要的藉口為自己挽回面子，那麼最後的成功，一定是屬於我們。

10 做自己的主人

【原文】

無風月花柳，不成造化；無情欲嗜好，不成心體。只以我轉物，不以物役我，則嗜欲莫非天機，塵情即是理境矣。

【譯文】

大地如果沒有清風明月和花草樹木就不成大自然，人類如果沒有感情欲望和生活嗜好就不成真正的人。所以我們要以我為中心來操縱萬物，絕對不能讓物為中心來奴役驅使自己，如此一切嗜好欲望都會成為自然的天賜，而一般世俗情感也都變為順理成章的理想境界。

【人生感悟】

莊子曾經說過：「終身役役而不見其成功，苶然疲役而不知其所歸，可不哀邪！人謂之不死，奚益？其形化，其心與之然，可不謂大哀乎？人之生也，固若是芒乎？其我獨芒，而人亦有不芒者乎？」

《荀子．修身》也說：「傳曰：君子役物，小人役於物。此之謂矣。」

《楞嚴經》裡有一段名言說：「一切眾生，從無始劫來，迷己逐物，失於本心，為物所轉。」

儒釋道三家，在這裡居然奇妙地結合在一起。人的一生，難道就是這樣為外物驅使著，終日奔波困頓，迷茫不知歸宿嗎？人一旦為物所役，就失去了自身的尊嚴和自由意志，這樣的人生又有何意義？

蘇轍說，人生在世，如果能夠「不以物傷性，將何適而非快？」（《黃州快哉亭記》）適度的物質需求，在生活中不可或缺。但過分地追逐外物，就會被外物所奴役，成為外物的奴隸，就傷了本心本性。

怎樣才能擺脫「以物役我」的處境？出路只有一條，那就是「以我轉物」。「以我轉物」，就是以「我」來轉變外在的事物，從被外物奴役的狀態中解脫出來，駕馭外物。

你如果被房子所奴役，你就成了「房奴」；你如果被功名所奴役，你就成了「官奴」。這就是「以物役我」。

逐物迷己的人生是悲哀的。在這個時候，我們迷失了自己，我們的心被房子等外物所填充、佔據，整個人成了外物的奴隸。

其實，我們原本可以活得輕鬆一些，只要把握好其中的尺度，打開心靈，愜意的涼風，美麗的月光就會流瀉進來。而這些大自然的恩賜，本來就是「清風朗月不用一錢買」的。

一個垂暮之年的老和尚，臨終時想把自己的衣缽傳給弟子。他有三個弟子，悟性都很高，這讓老和尚一時很難抉擇。

在一個月色清亮的夜晚，老和尚叫來三位弟子，每人發了一枚銅錢，讓他們每人出去買一樣東西，看誰買的東西既便宜，又能填滿整個禪房。

大弟子和二弟子拿到銅錢後，就出去了。剩下最年輕的那個弟子，仍然端端正正地在一旁打坐。

過了一會兒，大弟子回來了，他告訴師父，用銅錢買了幾車乾草，可以填滿禪房了。

老和尚聽了，搖了搖頭。

接著，二弟子也回來了。他從袖子裡取出一支蠟燭，把它點亮，燭光照亮了整個禪房。

老和尚露出了滿意的神色。同時，把眼光掃向了他身旁最小的弟子。

只見這個弟子慢慢地起身，將銅錢還給了老和尚，雙手合十，說：「師父，我買的東西就要來了！」說著，他「噗」的一聲吹滅了蠟燭，禪房頓時一片黑暗。

弟子將手往門外一指，說：「師父您看，弟子買的東西已經來了！」大家向門外看去，只見一輪滿月，碩大無比，懸掛在天上。水一樣的月光湧進了禪房，禪房裡灑滿光輝，一片透亮。

老和尚驚訝得半晌說不出話來，眼中流下了喜悅的淚水。他脫下了袈裟，輕輕地披在了最小的弟子的身上。原來，從「以物役我」到「以我轉物」，竟是這樣簡單。只要你成為自己內心的主人，不論你到哪裡，你都可以得到人生的快樂而不為欲望所驅使。

11 勿做有才無德者

【原文】

德者，事業之基，未有基不固而棟宇堅久者。

【譯文】

一個人的高尚品德就是他一生事業的基礎，這就如同興建高樓大廈一樣，假如不事先把地基打得很穩固，就絕對不能建築既堅固又耐久的房屋。

【人生感悟】

以才德論，人可分為四種：有德有才、有德無才、有才無德、無德無才。

四種人當中，有德有才之人是國家、企業等重用的對象，他們往往能夠創造出巨大的社會價值和人生價值，而有才無德之人的危害最大，他們沒有道德的約束，往往為了一己之私，不擇手段。

前台塑集團董事長王永慶在論及用人的心得時說：「有才有德者重用；有德無才者量才適用；無才無德者順其自然，自食其力；有才無德者堅決不用。」

對於個人來講，品德大於能力，這不是對能力的否定。人品就像一艘船的舵，而能力就是它的馬達，馬達決定船行的快慢，舵卻控制著船行方向。你只有開足馬力，並沿著正確的航線前行，才能更好更快地到達目的地。

古人云：「所謂才者，須在德才兩端。德才兼備者是謂全才，有德不才者是謂庸才，無德無才者是謂蠢才，有才不德者，是謂詭才。」今天的教育者說：「德才兼備是上品，有德不才是次品，無才無德是廢品，有才不德者是危險品。立人先立德，樹人先樹品。」人們常說：「有德無才要誤事，有才無德要壞事。」實際上，無論從哪方面講，有才無德的人對社會的危害都是最大的。

我國歷史上，有才無德者多不勝數，以眾人都非常痛恨的秦檜為例。

秦檜學識淵博，多才多藝，初入仕途，名聲極好，所以得到宋徽宗的喜愛和重用。他在任御史台左司諫期間，發現全國各地的公文字體不一，不規範，不利於閱讀，於是他潛心研究，集百家之長創造出一種獨特字體，簡單易學，適於公文所用，後被宋徽宗推廣到全國，就是後來印刷用的「宋體」。可見其才能之一斑。

可是秦檜後來投靠金國，殺害岳飛，執行軟弱屈辱的投降政策，成為萬人辱罵的民族敗類。

思想家司馬光說：「才德全盡謂之聖人，才德兼亡謂之愚人；德勝才謂之君子，才勝德謂之小人。」「才者，德之資也；德者，才之帥也。」品德方面的修養是人生的基礎，決定一個人一生行事的善、惡、美、醜。一個品行不端的人，很難在事業上有所成就，即使可能榮耀於一時，也終究會被淘汰。所以成功者必須德才兼備。

如果你有超強的能力，千萬別忽視自己的品德修養，要知道，小事靠才，大事靠德，如果你沒有優良的品德，是無法獲得大成功的。要想獲得成功，不僅要有能力，更要有品德，而且要意識到，品德比能力更重要。

12 心寬則天地寬

【原文】

延促由於一念，寬窄繫之寸心；故機閒者一日遙於千古，意廣者斗室寬若兩間。

【譯文】

時間的長短多半是出於主觀感受，空間的寬窄多半是基於心中的觀念。所以對人心閒適的人來說，即使是一天時間也比千年還要長；只要意境高遠心胸曠達，即使是一間小小的房子也猶如天地那麼大。

【人生感悟】

世界上有三大宗教：佛教、基督教和伊斯蘭教。這三大宗教有許多不同之處，但是在一個問題上，這三大宗教的觀點是一致的。那就是「物隨心轉，境由心造，心寬天地寬」。

萬事萬物對於我們的影響，一方面是其本身的客觀存在，另一方面是我們內心的自我感受。

客觀事實是無法改變的，可以改變的是我們的內心，正像我們現在經常說的那樣——「我們不能左右天氣，但我們可以改變心情；我們不能改變生命的長度，但我們可以選擇生命的寬度；我們不能改變容貌，但我們可以展現笑容；我們不能控制他人，但我們可以掌握自己……」面對同樣的客觀處境，不同心境的人會有不同的感受，你有怎樣的人生，全看你內心的選擇。

有一次，佛陀來到瓦拉那西。當他到達那裡時，他停留在城外的一棵榕樹下。那是一棵很大的榕樹。佛陀靜靜地坐在那裡，任風輕輕吹過，他與夕陽、大地、榕樹完全融合在一起。

瓦拉那西的國王坐著金碧輝煌的馬車路過這裡。國王是這裡地位最高的人，他擁有的東西沒人能夠比擬。然而，他卻滿臉憂傷，他要離開這裡，到一個完全陌生的地方。因為他覺得很疲倦，覺得一切都沒有意義，沒有價值。

無意中，國王看到榕樹下很安靜地坐著一個人，那個人身旁放著一個缽，但那個人安詳、寧靜、喜悅，彷彿這世界上的所有的苦惱都與他無關。可是他明明是個乞丐，身無分文，一無所有的乞丐。

國王停下馬車。他想：「這個人在這個世界上既無權勢也無財富，但卻如此喜悅與安詳。也許，人生中還有一些東西是需要我去尋找的……」

於是，國王問佛陀：「你只有一個缽，只有一個缽的你怎麼會這樣快樂？而我一個君王，擁有一個那樣大的王國卻不快樂！」

佛陀說：「我能理解你，因為我和你一樣，也曾是國王的兒子。享盡榮華富貴。我知道擁有一切卻一無所有的痛苦。但你現在看我的眼睛，我的眼睛告訴了你所有的一切。你有一天也會像我這樣。因為每個人都有可能發生內心的變化，都有可能讓自己領悟到快樂的真諦。」

國王意識到生活的喜悅和快樂是由內心散發出來的，不是他所擁有的外在的一切所能給予的。國王打消了逃避的念頭，他要去尋找那些他還沒有找到的東西。

我們也是一樣，影響我們生活的看似是各種各樣的苦惱，實際的根源是我們的內心。

你的心小了，世界就變小了；你的心大了，世界就變大了。

13 白開水的味道最長

【原文】

悠長之趣，不得於醲釅，而得於啜菽飲水；惆悵之懷，不生於枯寂，而生於品竹調絲。故知濃處味常短，淡中趣獨真也。

【譯文】

能維持久遠的趣味，並不是在美酒佳釀中得來，而是在粗茶淡飯中得到；悲傷失望的情懷，並非產生在孤寂困苦中，而是產生於聲色犬馬中。可見美食聲色中獲得的趣味常常顯得很短，粗茶淡飯中獲得的趣味才顯得純真。

【人生感悟】

人之有別於動物，就在於人是有精神追求的，而不獨滿足於物質的享受，所以如果精神生活充實，就算物質生活清苦些，也不會影響快樂的感受。反之，如果精神上無所追求和寄託，即便腰纏萬貫，除了能獲得短暫的感官刺激外，最終都不會有真正的幸福。所謂濃處味短，淡中趣長，指的正是精神上的追求。

宋朝人張知白，官至宰相，但生活極其儉樸。親近的人勸他說：「您月俸很高，但自身生活卻這麼清苦，這又何必呢？」

張知白感嘆道：「聽人說，濃處味短，淡中趣長。憑我的俸祿，即使按王侯的標準生活也是足夠的，但是如果家人都習慣了奢侈的生活，一旦失去了我的俸祿，他們就不能馬上適應儉樸的生活。假如一直過平常的生活，即使我去世了，家人也能像現在這樣生活呢！」聽的人都很佩服他的遠見卓識。

食物是清淡的好，清淡易於養生；志趣還是淡泊的好，太過濃厚易失卻了純真的心性，濃處反生出難苦澀。濃於聲色，則好身虛染疾；濃於財利，則好貪得無厭；濃於功名，則好矯情造作；濃於情愛，則好情多轉輕薄；濃於交往，則好膩難以持久。

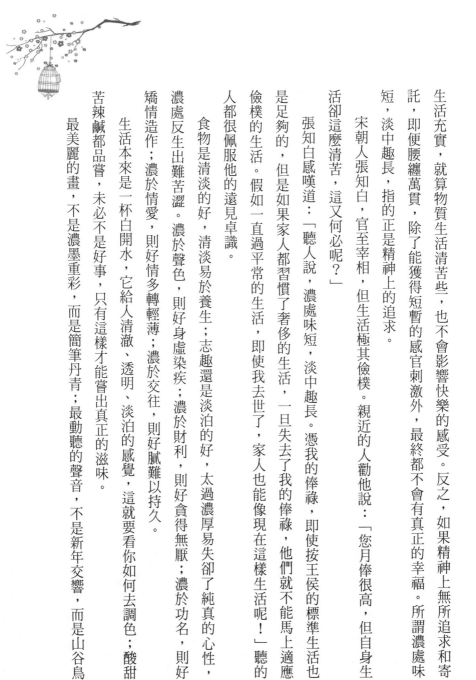

生活本來是一杯白開水，它給人清澈、透明、淡泊的感覺，這就要看你如何去調色；酸甜苦辣鹹都品嘗，未必不是好事，只有這樣才能嘗出真正的滋味。

最美麗的畫，不是濃墨重彩，而是簡筆丹青；最動聽的聲音，不是新年交響，而是山谷鳥嗚；最美味的食物，不是翅參燕鮑，而是家常便飯；最可口的飲品，不是濃烈醇酒，而是泉水清清……

深刻理解了「悠長之趣，不得於醲釅，而得於啜菽飲水；惆悵之懷，不生於枯寂，而生於品竹調絲。故知濃處味常短，淡中趣獨真也」這段話，就會懂得生命真趣何處尋了。

14 不識廬山真面目，只緣身在此山中

【原文】

才就筏便思捨筏，方是無事道人；

若騎驢又復覓驢，終為不了禪師。

【譯文】

剛一踏上竹筏，就能想到過河後竹筏就沒用了，這才是懂得事理、不為外物所牽掛的真人；

假如騎著驢還在另外找驢，那就變成典型的既不能悟道也不能解脫的僧人了。

【人生感悟】

《傳燈錄》說：「如不瞭解心即是佛，那真是騎驢而覓驢。」又說：「參禪有兩個病，一相是騎驢而覓驢，一個是騎驢而不肯下驢。」

可見佛無須外求，因為就在自己心中，人人內心都有佛而人們卻不自知而向心外去求，這就是已經騎在驢身上還要向外去找驢。至於說到禪病，就是無論如何坐禪也不能了悟，這種人就稱為「不了禪師」。

現實生活中，「騎驢又復覓驢」的「不了禪師」很多。

有的人已經很幸福了，卻還到處追求幸福；其實，幸福早就放在面前了。肚子餓得不行的時候，有一碗熱騰騰的拉麵放在你眼前就是幸福；累得半死的時候，撲上軟軟的床也是幸福。幸福與否，關鍵是自己的內心感受。

人生在世，由於際遇的不同，有的人生活清苦感到苦惱，有的人則過著富裕的生活仍感到苦惱。而更多的時候，人們之所以感覺不幸福，是因為這種人當幸福來臨的時候，常常渾然不覺，無論別人投來多少羨慕的目光，還是不知道珍惜自己所擁有的一切，反而讓幸福白白地從自己指縫間溜掉，到了最後，剩下的只有揮之不去的痛苦。

就像錢鍾書先生所說：「人生的刺，就在這裡，留戀著而不肯快走的，偏是你所不留戀的東西。」

印度有一位知名的哲學家，氣質高雅，因此成為很多女人的偶像。某天，一個女子來拜訪他，她表達了愛慕之情後說：「錯過我，你將再也找不到比我更愛你的女人了！」

哲學家雖然也很中意她，但仍習慣性地回答說：「容我再考慮考慮！」

事後，哲學家用他一貫研究學問的精神，將結婚和不結婚的好處與壞處，分條羅列下來，結果發現好壞均等，究竟該如何抉擇？他因此陷入了長期的苦惱之中。最後，他終於得出一個結論—人若在面臨抉擇而無法取捨的時候，應該選擇自己尚未經歷過的那一個。不結婚的狀況他是清楚的，但結婚後會是個怎樣的情況，他還不知道。對！應該答應那個女人的請求。

哲學家來到女人的家中，問她的父親：「您的女兒呢？請您告訴她，我考慮清楚了，我決定娶她為妻！」女人的父親冷冷地回答：「你來晚了十年，我女兒現在已經是三個孩子的母親了！」

哲學家聽了，整個人幾乎崩潰，他萬萬沒有想到，他向來引以為傲的精明頭腦，最後換來的竟然是一場悔恨。此後，哲學家抑鬱成疾，臨死前，他將自己所有的著作丟入火堆，只留下了一段對人生的批註——如果將人生一分為二，前半段的人生哲學是「不猶豫」，後半段的人生哲學是「不後悔」。

哲學家死之前終於明白，幸福本沒有絕對的定義，平常的一些小事往往能震撼你的心靈。

15 羈絆越少越灑脫

【原文】

人生減省一分便超脫了一分，如交遊減，便免紛擾；言語減便寡愆尤，思慮減，則精神不耗；聰明減則混沌可完。彼不求日減而求日增者，真桎梏此生哉！

【譯文】

人生在世能減少一些麻煩，就多一分超脫世俗的樂趣。如交際應酬減少，就能免除很多不必要的糾紛困擾；

閒言亂語減少就能避免很多錯誤和懊悔，思考憂慮減少就能避免精神的消耗，聰明睿智減少就可保持純真本性。

假如不設法慢慢減少以上這些不必要的麻煩，反而千方百計去增加這些方面的活動，那就等於是用枷鎖把自己的手腳鎖住。

【人生感悟】

減至無可再減，便幾於道矣。所以洪應明說：「人生減省一分，便超脫一分。」此是人生處世，修己治心，待人接物之第一大要訣。

在人生旅程中，如果什麼都減省一些，便能超越塵事的羈絆。一旦超脫塵世，精神會更空靈。

可是，人們無論做什麼事，均有不得不增加的傾向。

有一位修行者奉行禁欲苦修。為了能夠修成正果，他搬出了居住的村莊，到了一個沒有人居住的山林裡隱居。為了能夠杜絕欲望，他只隨身帶了一塊布當作衣服。後來，他想到自己在洗衣服時還需要有一件替換的衣服，就下山向村民們要了一塊布。

修行者再次回到山上靜修。可是幾天後，他發現他居住的山洞裡有一隻老鼠，在他靜修的時候老鼠就會出來咬他討來的那塊布。他不能殺生，否則就會破戒，可是如果不把老鼠趕走，他的衣服就會被咬破。沒辦法，他只好到山下村莊裡又要來一隻貓。

貓討來了，老鼠不再出現了。可是又有了新的問題，他吃野菜度日，但貓是不吃野菜的，而他的修行準則又不允許他眼看著老鼠喪生。可是如果不讓貓吃老鼠，貓就沒有東西可吃。

於是他向村民們要了一頭奶牛，這樣貓就靠喝牛奶生活，貓鼠相安無事了。修行者度過了一段清靜日子。

可是，他很快發現又有了麻煩。原本他用來打坐修行的時間現在不得不用來照顧奶牛了。他要放牛，讓牛吃草、飲水，還要擠牛奶。這使得他的修行很受影響。於是，他再次回到了山下村莊裡，找到了一個流浪漢，把流浪漢帶到山上來幫助他照顧奶牛。

流浪漢每天早起幫助修行者把奶牛照顧得很好，可是一段時間之後，流浪漢開始抱怨起來：「你是一個禁欲苦修的人，可是我不是，我需要有一個太太，我要過正常的家庭生活。」

修行者想了想，覺得他不能強迫別人跟他一樣靜修，於是再次到了山下，幫流浪漢找到了一個太太。

一天又一天，就這樣，整個村莊都搬到了山上，修行者再次住進了村莊裡。

欲望是無窮無盡的，如果不懂得控制，它就會無限膨脹。其實，只要減省某些部分，大都能收到意想不到的效果。倘若這裡也想參一腳，那裡也要兼顧，就不得不動腦筋，過度地使用智慧，就會與原來的目標不相符。所以，只要凡事稍微減省些，便能回復本來的人性，即「返樸歸真」。

《老子．第二十二章》有言：「少則得，多則惑。」老子認為，少反而多得，多則會迷惑。

東漢時，班超曾任西域都護，由於其很有能力，直到七十多歲高齡，朝廷才允許他告老還鄉。接替他的任尚向班超請教對治理西域的忠告，班超對他說：「興一利不如除一弊，生一事不如省一事……宜蕩佚簡易，寬小過，總大綱而已。」意思是要他以簡易寬和為主。任尚覺得這是老生常談，就拋之腦後，還對人說：「我以班君當有奇策，今所言平平耳。」

四年過去了，任尚因過於嚴苛急躁，失去與邊疆民族的和睦關係，導致西域各國紛紛叛漢並攻打他，任尚退到班超精心經營的疏勒根據地，靠疏勒人的保護才撿回性命，但西域的土地已寸土不剩。

多不如少，增不如減。人生在世，不但富貴名利心宜減，競逐爭得心宜減，即使是非毀譽心、怨尤忮求心亦宜減。日減而至於無，則自與人無爭，與世無爭，而亦與物無忤，如此則人世間海闊天空，而可自在逍遙遊矣！

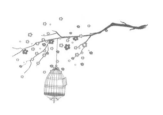

16 自家人知自家事

【原文】

花開花謝春不管，拂意事休對人言；
水暖水寒魚自知，會心處還期獨賞。

【譯文】

花開花落春風並沒心思去管，所以自己遇到不順心的事情不要去對他人談；水暖水冷魚兒自己心裡最明白，所以心領神會的地方還是獨自欣賞為好。

【人生感悟】

花兒何時開，何時謝，春不理睬，春只應了自己的時令該來時來，該去時去。水的冷暖，只有生活在水裡的魚兒最清楚，別人無法體會。對於人來說，悲喜憂傷的情緒只有自己消化，別人幫不上什麼忙。

插畫家幾米說：「沒有人會真的同情別人真實的悲傷。」其實，人不是得不到別人的同情，是得到也沒用。所以，不如意的煩憂最好自己私藏，誰會有心情去聽你的憂言愁語？人生在世，應該有一種自力更生、苦樂自享的心態。

與人交往應該坦誠，但是，所謂坦誠，也要適度，要講效果。如朋友之間，「胸無芥蒂，無話不說」固然不錯，但是，坦誠也應留有餘地，說話辦事透徹、痛快當然無可非議，不過，像魯迅先生所反對的「透底」就不好，注意留有餘地，必要的避諱、求雅還是需要的。有時為避免意外的發生，向當事者暫時保密，不吐露真情，也是人之常情，不宜把它和坦誠對立起來。

比如，我們每個人都有自己的心事，有愉快的，也有煩惱的。愉快的好說，煩惱的怎麼辦呢？有時候，心事會憋死人的。

有人說，煩惱的時候可以找一個知心的人傾訴，說出來可能會舒服一些。女友間的心事互訴，可以增加女友間的親密度與知己度，但很多時候，女人間友誼的密度是以掌握對方多少秘密來作為衡量指數的。一旦你開始向對方傾訴，就會越說越多，而且對她傾訴的依賴感就越強。但當你冷靜下來時，你心裡就會有隱隱約約的不安全感。這樣的擔憂一旦產生，你對密友的信任度就會漸行漸遠，甚至疏離。所以心事互訴也會從另一方面影響友誼的最終深度。

此外，你的心理陰影漸漸除去，但別人生活可能因此受到影響。最要命的是，時過境遷，當你不想回憶往事時，這時候，你的知己就會成為你最大的心事，最大的隱患。你的傾訴對象可能成為你最不想見的人、最頭痛的人，甚至成為最麻煩的人。

所以，我們說，把一切擺在桌面上的人也許是膚淺的，也不見得是輕鬆的。

實際上，每個人的心事都是自己內心生活的一種秘密，是一個人與上帝之間的對話，是對自己的一種珍藏。心事就是一種只能自己默默體驗、獨自承受的事。說出來的心事就會走樣，就會失去它原本的分量、原本的價值。說出來就是破壞了它的美感與詩意的輕紗。

人生在世，快樂和痛苦都是自己的，必須學會自己慢慢去品味，慢慢去回味，然後慢慢去消化。

17 做自己情緒的主人

【原文】

吾身一小天地也，使喜怒不愆，好惡有則，便是燮理的功夫；

天地一大父母也，使民無怨咨，物無氛疹，亦是敦睦的氣象。

【譯文】

人們的身體就是一個小天地，如果能使自己喜怒不逾越規矩，使自己的好惡遵守一定的規則，這就是做人的一種調理諧和的功夫；

天地就像是萬物的父母，如果能讓百姓沒有怨恨和嘆息，萬事萬物沒有了災害，大自然便能夠呈現一片祥和太平的景象。

【人生感悟】

大自然講求一種生態和諧。生態若失去了和諧，自然災害便會頻發，人和生物的生存環境便會受到危害。生態和諧了，天地間才會呈現出風調雨順的景象。做人也要講求一種身心和諧。身心若失去了和諧，人也就變得性格扭曲，易產生喜怒無常、好惡無度之類的情緒垃圾。和諧的身心有賴於人們持之以恆的自我修養。人的修養越深，就越是心平氣和，身心也就越是和諧。

怎樣控制好自己的情緒，使自己的身心處於和諧狀態呢？不能希求外界環境給你幫助，只能內求於己。

人不可能永遠處在好情緒之中，生活中既然有挫折和煩惱，就會有消極的情緒。美國心理學家研究發現，人的一生平均有十分之三的時間處於情緒不佳的狀態，因此，人們常常需要與那些消極的情緒抗爭。

消極情緒對我們的健康十分有害，科學家們已經發現，經常發怒和充滿敵意的人很可能患有心臟病。哈佛大學曾調查了一千六百名心臟病患者，發現他們中經常焦慮、抑鬱和脾氣暴躁者比普通人高三倍。

因此，可以毫不誇張地說，學會控制你的情緒是生活中一件生死攸關的大事。

首先要有意識控制。成功學大師奧格．曼狄諾這樣告誡自己：花草樹木，隨著氣候的變化生長，但是我為自己創造天氣。……我怎樣才能控制情緒，讓每天充滿幸福和歡樂？我要學會這個千古秘訣：弱者任思緒控制行為，強者讓行為控制思緒。每天醒來，當我被悲傷、自憐、失敗的情緒包圍時，我就這樣與之對抗：沮喪時，我引吭高歌。悲傷時，我開懷大笑。病痛時，我加倍工作。自卑時，我換上新裝。不安時，我提高嗓音。窮困潦倒時，我想像未來的富有。力不從心時，我回想過去的成功。自輕自賤時，我想想自己的目標。總之，今天我要學會控制自己的情緒。當消極情緒即將爆發時，首先要用意識控制自己，提醒自己應當保持理性。

其次是自我鼓勵。用某些哲理或某些名言安慰自己，鼓勵自己和痛苦、逆境抗爭。自娛自樂，會使你的情緒好轉。

三是轉移。當火氣上湧時，有意識地轉移話題或做點別的事情來分散注意力，便可使情緒得到緩解。打打球、散散步、聽聽音樂，也有助於轉移不愉快情緒。

四是宣洩。遇到不愉快的事情及委屈，不要埋在心裡，要向知心朋友或親人訴說出來或大哭一場。這種發洩可以釋放內心鬱積的不良情緒，有益於保持身心健康，但發洩的對象、地點、場合和方法要適當，避免傷害別人。

五是走進大自然。大自然的奇山秀水常能震撼人的心靈。登上高山，會頓感心胸開闊。放眼大海，會有超脫之感。走進森林，就會覺得一切都那麼清新。這種美好的感覺往往都是良好情緒的誘導劑。

當然每個人都可以根據自己的情況找到控制情緒的辦法，利用這些有效的辦法可以調節我們的身心，讓自身的小天地達到和諧完美。

18 境由心生，莫要疑心生暗鬼

【原文】

機動的，弓影疑為蛇蠍，寢石視為伏虎，此中渾是殺氣；念息的，石虎可作海鷗，蛙聲可當鼓吹，觸處俱見真機。

【譯文】

一個好用心機的人容易產生猜忌，會把杯中的弓影誤會成蛇蠍，甚至遠遠看見石頭都會當作是臥虎，結果內心充滿了殺氣；

一個心平氣和的人即使遇見兇殘的人也能把他感化得像海鷗一般溫順，把聒噪的蛙聲當作悅耳的樂曲，結果到處都是一片祥和之氣，從中可以看到人生真諦。

【人生感悟】

一個胸懷坦蕩的人不會去管身邊的是是非非，一個志向遠大的人無暇思索雞鳴狗盜之事。

只有心胸狹窄的人在一起，才會相互猜忌，推波助瀾，弄得周圍的氣氛很緊張。心胸坦蕩的人，他的生活是明亮的，而心胸狹窄的人只能活在陰暗中。

世間的事物，對的就是對的，錯的就是錯的，個人無須鑽牛角尖，自尋煩惱。假如一個人凡事都疑神疑鬼，就會造成俗話所說的「疑心生暗鬼」，本來毫無疑問的事也會弄出風波來。

有個生性愚笨、膽子又小的人，名叫涓蜀梁。有一回，他在一個有月亮的夜晚出門趕路。月光照著他身子。他身邊的地上，投下了一個黑黝黝的影子。他走一步，那影子也跟著前進一步。他低下頭一看，看見身邊有個黑簇簇的人形，以為一定是小鬼緊緊地跟著他。便害怕起來了。再又抬起頭來一看，看見自己頭上的頭髮，飄呀飄的，他以為那一定是女鬼的頭髮。於是，急忙回頭，拔腿就跑。他氣呼呼地跑到家裡，因為跑得太快，透不過氣來，就憋死了。

心中疑神疑鬼，「疑似」的東西，便被疑作了「就是」的東西，於是杯弓為蛇影，臥石變伏虎，自以為「是」，其實「不是」，結果是自相驚擾。

每個人都有這樣的體會：一件很小的突發事件或是看到某些景物，遇到某些人都可以讓人發生情緒上的巨大變化，有時候自己都會一頭霧水，怎麼變成這樣了？其實，悲傷快樂或者平靜焦慮等這些情緒完全是隨心裡的變化而變化的。

境由心生，境由心轉，有些苦樂之境、美醜之感完全是由我們自生自找的。

一位大師在一次佈道時說：「心一動，世間萬物跟著生起來，紛紛擾擾，無時或了；心一靜，浮盪人生復歸平靜，紛爭遁形，塵勞銷跡。」可見，人心可以造出不同的現實環境來。當我們有怨時，看到這世界到處充滿了怨；當我們有愛時，看到這世界到處都充滿了愛；當我們快樂時，看到這世上到處都是美好景物，流連忘返；當我們痛苦時，看到這世上到處都是千瘡百孔，淒苦難挨。一切萬物都隨心所現，隨心所變。

活著本就不易，人生匆匆，歲月如梭，何必「弓影疑為蛇蠍，寢石視為伏虎，此中渾是殺氣」？為何不「石虎可作海鷗，蛙聲可當鼓吹，觸處俱見真機」呢？

痛苦地過也是過，開心地過也是過。開心地活著，永遠都比悲傷地活著要有意義。如果在世上的每一天，我們都能夠快樂地活著，豈不妙哉？如此，那就必須先修煉自己的心。心圓滿了，生活就圓滿了；心平靜了，生活也就不浮躁了。

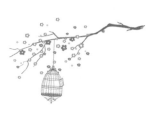

19 不要隨性而為

【原文】

憑意興作為者，隨作則隨止，豈是不退之輪？

從情識解悟者，有悟則有迷，終非常明之燈。

【譯文】

只憑著一時感情衝動做事的人，熱情一退，事情也跟著停頓下來，這豈是永不停歇地進取的態度？

從情感出發去領悟真理的人，有能領悟的地方，也有被迷惑的地方，這種做法也不是一種永久光亮的靈智明燈。

【人生感悟】

憑自己的興趣做事最有名的故事當屬《世說新語》中的「雪夜訪戴」。王子猷是大書法家王羲之的五兒子，居住在山陰，一次夜下大雪，他從睡眠中醒來，打開窗戶，命僕人斟上酒。四處望去，一片潔白銀亮，於是起身，慢步徘徊，吟誦著左思的《招隱詩》，忽然間想到了戴逵。當時戴逵遠在曹娥江上游的剡縣，王子猷即刻連夜乘小船前往。經過一夜，到了戴逵家門前卻又轉身返回。有人問他為何這樣，王子猷說：「我本來是乘著興致前往，興致已盡，自然返回，為何一定要見戴逵呢？」

王子猷這種不講實務效果、但憑興之所至的驚俗行為，十分鮮明地體現出當時士人所崇尚的「魏晉風度」的「任誕放曠」和「率性而為」。

但是在日常生活中，如果這樣做，就可能一事無成。很多事看起來簡單，其實要做好，就會困難重重。所以成功者憑的是持之以恆、鍥而不捨的勇氣和毅力，如果心血來潮就鼓足幹勁，意興闌珊就洗手不幹；或是進展順利就熱情地幹，一遇困難就此甘休。那麼要想如願，只有看老天爺的眼色了。

所以，我們說：「有恆為成功之本。」「有恆」的「恆」字就是「不變」、「不中斷」的意思。「不變」指的是目標，「不中斷」指的是過程。不變目標，而且不中斷努力，那麼才有成功的可能，這也就是成功的「本」。

當然，「有恆」當中也含帶著寂寞、痛苦，這是常態，如果不是常態，就不會有「有恆為成功之本」這句話了。因此，不管你是初入社會，或是正在社會上邁開大步，或是想轉行，都要記住這句話。不要隨意改變目標，中斷你的努力！

當一個人用畢生的精力去投身於他所鍾愛的事業，並堅定地為著那結果努力時，完全可以憑著自己的矢志不渝在那個屬於他的領域裡做出讓人不可小覷的成績。從默默無聞到天寬地闊，完成一個質的飛躍，到達成功的彼岸。

20 儉樸可以養德

【原文】

藜口莧腸者，多冰清玉潔；

袞衣玉食者，甘婢膝奴顏。

蓋志以淡泊明，而節從肥甘喪矣。

【譯文】

能過吃粗茶淡飯生活的人，他們的操守多半像冰玉般純潔；

而講求華美衣服飲食奢侈的人，多半甘願做出卑躬屈膝的奴才面孔。

因為一個人的志向要在清心寡欲的狀態下才能表現出來，而一個人的節操都從貪圖物質享受中喪失殆盡。

【人生感悟】

能過苦日子的人，即使現實的生活狀況不盡如人意，他們大多也能夠保持自己的操守，挺直自己的腰桿，不去做損人利己的事情，也就是所謂的「人窮志不窮」；貪圖物質享受的人，生活容易陷於糜爛，精神生活空虛，也難有高尚的品德，因此他們為了能得到更高一層的享受，不惜用任何手段去鑽營，甚至於卑躬屈膝，人格喪失殆盡。

現實情況也是這樣的。看看最近幾年被查處的貪贓枉法、以權謀私、腐化墮落的人，他們的犯罪動機大多是為了滿足物質需求，追求奢華。

人人都有追求物質生活的權利，但不能以貪圖享受、滿足物欲作為最大追求，不能玩物喪志，成為社會的寄生蟲。

在這方面，曾國藩應該成為我們學習的楷模。

曾國藩生長於一個勤儉孝廉的大家庭，他結婚生子後，歷任侍郎、總督、大學士，直到封侯拜相，他的家庭生活，仍然和青少年時期當農民一樣，克勤克儉，戒驕戒躁，從未有絲毫驕奢，這是許多人都不易辦到的。

曾國藩的日常飲食，總以一葷為主，非客到，不增一葷，時人稱之為「一品宰相」。其穿戴更是簡樸，一件青緞馬褂一穿就是三十年。曾國藩出將入相，每天日理萬機，自晨至晚，勤奮工作，從不懈怠。主要公文，均自批自擬，很少假手他人。晚年右目失明，仍然天天堅持不懈。他堅持寫日記，直到臨死之前一日才停止。

曾國藩在同治二年十二月十四日的家書中寫道：「吾家累世以來，孝弟勤儉。……今家中境地雖漸寬裕，姪與諸昆弟切不可忘卻先世之艱難，有福不可享盡，有勢不可使盡。勤字工夫，第一貴早起，第二貴有恆。儉字工夫，第一莫著華麗衣服，第二莫多用僕婢雇工。凡將相無種，聖賢豪傑亦無種，只要肯立志，都可以做得到的。姪等處最順之境，當最富之年，明年又從最賢之師，但須立定志向，何事不可成？何人不可作？願吾姪早勉之也。」

從古到今，驕傲專橫者總是好景不長，且常常導致眾叛親離、身敗名裂的下場；懶惰則出現衰敗頹喪之氣象，必須高度警惕。曾國藩又強調指出：「居家四敗：婦女奢淫者敗，子弟驕怠者敗，兄弟不和者敗，侮師慢客者敗。一家能勤能敬，雖亂世亦有興旺氣象；一身能勤能敬，雖愚人亦有賢智風味。」

抑奢從儉，去華存樸。從來好事天生儉，自古瓜兒苦後甜，儉可成事，奢可敗家，這些話充滿了人生興衰轉化的辯證味道，表現了中國人的傳統美德。

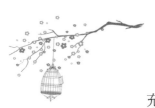

21 人情練達即文章

【原文】

人情反覆，世路崎嶇。行不去，須知退一步之法；行得去，務加讓三分之功。

【譯文】

人世間的人情冷暖是變化無常的，人生的道路是崎嶇不平的。因此當你遇到困難走不通時，必須明白退一步的為人之道；當你事業一帆風順時，一定要有謙讓三分的胸襟和美德。

【人生感悟】

《紅樓夢》中有句話說「世事洞明皆學問，人情練達即文章」。這句話算是說到處世智慧的核心了。

表面看來，世事人情與學問文章兩不相關，但是世事人情卻是大學問、大文章。看透了人情冷暖，世態炎涼，做起事來就能進退自如，心態平和。

自己順風時，懂得謙讓退避，不招搖，處於逆境時，也不灰心頹廢，心境淡然。

很多經過大富大貴而後落魄的人，最能體會「人情反覆，世路崎嶇」這句話。

有位商人因為不謹慎，由原來的當地小有名氣的企業家變為一個普通老百姓。有一天，報紙上寫了一段她的近況，說她經營不慎，由富婆變「負婆」。從此以後，就「門前冷落車馬稀」了。以前過生日，送禮之人不絕於途，現在過生日，只能自己一家人在一起吹蠟燭，客人一個也沒有，平日來看她找她的寥寥無幾。她自己也真正體會到了「人情冷暖」的味道，不勝欷歔。

事實上，像這位商人的遭遇在社會上多的是。不要說對「失勢」的人如此，對於自己再無利益牽連的人也是如此。有一位朋友被外調，外調的這個單位也不壞，但因和原來的單位沒關係，所以他走的時候，竟然沒有人送行，和他在原單位時同事、部屬的巴結逢迎大不相同。至於有錢時日日高朋滿座，無錢時天天門可羅雀，那更是司空見慣了。

正應了那句話：「人情反覆，世路崎嶇。」現在很多人都是向上看、向錢看，看能不能為自己帶來一些好處。你窮了，你失勢了，他當然對你不再熱情，縱然尚有朋友之情，但熱度也減少了幾分，因此這就讓人感到始終如一的感情的可貴，只有在你失勢的時候，方可以看出誰才是真正的朋友。

不必感嘆，不必憤恨。我們說，人不可能一輩子順風順水，有高峰，必有低谷，所以人情的冷暖你必會嘗到。古人說：「毀譽褒貶，一往世情」，也就是說，一個飽經風霜嘗盡人間酸甜苦辣，看透人情世故的人，不管人情冷暖或世態炎涼如何反覆變化，不管別人如何非議責罵甚至橫加非難，都能做到不去過問其中的是非曲直，更不要說浪費口水去做無謂的解釋。

看透「人情冷暖」勝讀十年書啊！

22 知退知讓是處世的萬全之策

【原文】

路徑窄處，留一步與人行；
滋味濃處，減三分與人嘗。此是涉世一極安樂法。

【譯文】

在狹窄的小路上行走，要留一點餘地讓別人走；遇到美味可口的食物，要留出三分讓給別人也能嚐嚐。這就是一個人立身處世最安全快樂的方法。

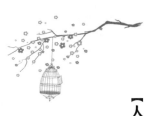

【人生感悟】

「路徑窄處，留一步與人行」就是要「知讓」，「知退」。

這個世界上「知進」的人多，「知退」的人少，很多人認為只有「進」才可能成功，才能獲得我們想要的結果。這樣的人很危險。

中國歷史上很多人物的最終命運，往往取決於他在什麼時候退出權力舞台。在皇權專制的封建社會，官場是「不進則退」、「退無可退」的角鬥場。進，固然不容易，退，更需要勇氣和見識，但凡能全身而退的人，大抵都是智者。因為他們想清楚了，名聲與生命哪一個更珍貴？生命與財富哪一個更貴重？得到名利和喪失生命哪一個更有害？

過於貪求名利，不知退讓，必然會招致更大的損失。

吳越爭霸，越王勾踐勝。越王的重要謀士范蠡對文種說：「飛鳥盡，良弓藏。狡兔死，走狗烹。敵國滅，謀臣亡。我看越王此人狼眼鷹鼻，只可與其共患難，不可與其同富貴，不如辭官遠禍。」文種不聽，遂被勾踐賜劍逼死。

項羽未滅之前，蒯通去遊說韓信：「一個人的高低貴賤，在於骨相，喜怒憂愁在臉色，成功失敗在於判斷。善於計謀籌畫，是事情成功的關鍵。安於火夫的地位就會失去掌握萬乘大國君權的機會。所以聰明人就會當機立斷，遲疑不決是成事的禍害。君今手握重兵，舉足輕重，起兵反劉，進可以問鼎中原，退亦可以裂土分疆。如若不然，功高震主，離禍不遠矣。」韓信不聽其言，認為劉邦豁達大度，不會對不起他，最後被縊死。

當然，激流勇進還是急流勇退，對於不同人和所處的不同階段，應該有不同的選擇。

如果說這些離我們比較遠的話，仔細觀察我們的生活也是這個道理。

我們常說「狹路相逢，勇者勝」，其實，並不是一切情況下都是如此。比如，有時走山邊小路不能兩人同時通過時，如果爭先恐後就有墜入深淵的危險，在這種情況之下自己要先停住腳步，讓他人過去才算有禮貌，也最安全。

「滋味濃處，減三分與人嘗」就是自己在吃美酒佳餚時，不可以總是一個人獨享，要想想周圍還有許多不如自己的人，要與他人分享。就像古人掃墓祭祖，一定要拿出一些酒菜送給周圍的遊魂野鬼吃，相信不這樣做，那供給祖先的酒菜會給遊魂野鬼搶光，這雖然是迷信，卻說明了這種道理。

生活中，每個人的智慧、經驗、價值觀、生活背景都不盡相同，因此，人與人之間難免發生不愉快的小事情。本來這是很正常的，兩人都退一步，把話說開了也就過去了。但是，有時候人的本性又把事情推向了另一個極端，一方面為了面子，一方面為了利益，因此一得理，便不饒人，非逼得對方鳴金收兵不可。這雖然可以吹起勝利的號角，卻也是下次爭鬥的前奏。

聰明的人不會「得理不饒人」，而且還「知讓」、「知退」，給別人面子，自己也有面子，最重要的是避免了兩敗俱傷。

「將相和」是歷史上有名的典故。廉頗和藺相如同是戰國時期趙國的大臣。廉頗是趙國傑出的將領。藺相如由於完璧歸趙而在澠池會上立了功，趙王封藺相如做上卿，職在廉頗之上，廉頗很不服氣，並且揚言自己見到藺相如，一定要羞辱他。

有一天藺相如坐車出去，遠遠看見廉頗騎著高頭大馬過來，他趕緊叫車夫把車往回趕，藺相如手下的人看不過去，他們不知是為什麼，問藺相如為什麼怕廉頗？

藺相如對他們說：「廉頗將軍與秦王誰厲害？」

他們說：「當然秦王厲害。」

藺相如說：「秦王我都不怕，我還會怕廉頗嗎？我避著廉將軍，為的是趙國的利益。」

後來藺相如手下的人把他的話告訴廉頗後，廉頗便脫衣露體，赤膊背著荊條，來到藺相如府上請罪。他說：「我是個粗鄙淺陋的人，不料你寬容我，容讓我竟到了這等地步。」從此，趙國出現將相和睦的大好局面。

冤家宜解不宜結。團結一切能夠團結的力量，就會少些羈絆，無負擔輕鬆前行。

「得理不饒人」，步步緊逼，不僅沒有人情味，有理也會變得無理。用這種方式處世的人，當然不可能有好人緣。「得理不饒人」，讓對方走投無路，有可能激起對方「求生」的意志，從而「不擇手段」，這對你自己將造成傷害。給對方留有餘地，見好就收，結果就不同了。正所謂，「知退則不失，不失既是得。」

23 柔弱圓融才能長久

【原文】

舌存常見齒亡，剛強終不勝柔弱；

戶朽未聞樞蠹，偏執豈能及圓融。

【譯文】

經常看到柔軟的舌頭存在而堅硬的牙齒已經掉落，可見剛強終究不如柔弱；門框因固定不動總是先腐爛，而經常轉動的門軸卻從未被蛀蝕，可見偏信固執怎麼比得上婉轉圓通呢？

【人生感悟】

我國古代哲學家老子有一位知識淵博，對許多問題都有奇特而獨到的見解老師，名叫常樅。一天常樅病了，老子去看望他。常樅張開口問：「你看，我還有牙齒嗎？」老子看看說：

「沒有了！」常樅吐著舌頭問：「那麼，還有舌頭嗎？」老子說：「有，有，舌頭還在！」常樅問：「你懂得我的意思嗎？」老子說：「懂了，就是說，堅硬的已經掉了，柔軟的還在。」

常樅高興地說：「好好！就是這個意思。」

在歷史上，有許多人都曾想用既凝練而又精闢的話來概括一個人或者一本書的思想，如《呂氏春秋．不二》篇中說：「老聃貴柔，孔丘貴仁，墨翟貴廉，關尹貴清，子列子貴虛，陳駢貴齊，陽朱貴己，孫臏貴勢，王廖貴先，倪良貴後。」用「柔」字概括老子的思想再恰當不過。

「柔弱勝剛強」這五個字的內涵很費解，當今社會上尊崇強者，貶斥弱者，強者可以任憑自己的意志行事，而弱者恰恰相反。做人不能快意人生，無論如何都不能算是一個成功者。

實際上，在激烈的競爭中，鋒芒畢露、剛烈太甚，表面上勝利了，實則給我們的事業和生活埋下了更大的隱患，它們對事業的損害，大大地超過了一時的風光和快意！這種現象，在才高者身上更是得到充分的驗證，而他們一般都是在歷盡滄桑之後才明白。

說到這裡，我們可能會自然而然地想起歷史上的一個人，清代中興名臣曾國藩。曾氏正是靠著「柔弱勝剛強」的這一法寶跟慈禧太后玩太極拳，功成名遂，福祿雙修，令人敬仰至極。

其實，曾氏做事的太極功夫也是在實踐中摔得頭破血流才學到的。曾氏年輕時因為自己的剛直，幾乎不容於官場。後來在家為父守喪期間，深刻自省，才幡然醒悟，再次出山，處世圓融，事事低姿態，終於成就大功。

所以哲人說：「堅強的東西屬於死亡的一類，柔弱的東西屬於生存的一類。」以智御智，如用石壓草，草必罅生；以暴禁暴，如用石擊石，石必兩碎。殺人一萬，自損三千。在人生的道路上，我們表現出適度的柔弱，既是一種修養和內涵，也是為人處世的大智慧。

24 萬言萬當，不如一默

【原文】

十語九中未必稱奇，一語不中，則愆尤駢集；

十謀九成未必歸功，一謀不成則訾議叢興。

君子所以寧默毋躁，寧拙毋巧。

【譯文】

即使十句話能說對九句也未必有人稱讚你，但是假如你說錯了一句話就會遭受別人的指責；

即使十次計謀你有九次成功也未必得到獎勵，可是其中只要有一次計謀失敗，埋怨和責難之聲就會紛紛到來。

所以有修養的人寧可沉默寡言，也絕不衝動急躁，做事寧可顯得笨拙一些，絕對不能自作聰明。

【人生感悟】

「禍從口出」，一個人說話多了難免不說錯話，一句錯話招來的禍患就可以讓一個人悔恨終生。

所以，要少說話，話不在多而在精。不該說的話多說無益，不該問的多問也沒有什麼好處。正所謂：傻瓜的心在嘴裡，聰明人的嘴在心裡。

信奉「萬言萬當，不如一默」的清朝三代重臣張廷玉在這方面為我們做出了表率。

張廷玉，安徽桐城人。他出身書香門第，二十九歲高中進士，並被點為翰林。三十三歲那年，他獲得了一次與康熙交談的機會，給皇帝留下了極為良好的印象，認為他持重得體，歷任檢討、直南書房、洗馬、侍講學士、內閣學士。由於工作出色，四十五歲時升為禮部侍郎。從此以後，張廷玉連任康、雍、乾三朝宰相，盡享恩遇，成為政壇常青樹。

張廷玉之所以能夠做三代重臣而且始終受到恩寵，主要是他一生為人謹慎小心，緘默持重，不圖虛名。

張廷玉有一句名言，叫「萬言不當，不如一默」。在雍正這樣一隻「喜怒不定」的猛虎身邊，張廷玉恰如一個走鋼索的演員，全神貫注，始終緊張，沒有一分鐘鬆懈過。每天退朝回到家裡，他都要把一天的大事小事細細梳理一遍，看看有沒有說錯的話，做錯的事，以為功課。他從不留片稿於私室，也不讓家人子弟得知。他很少交結外官，在朝中為官多年「無一字與督撫外吏接」。雍正對他極為信任，人事決策多向他諮詢，他卻從來不會透漏一絲風聲。他以皇帝之心為心，以皇帝之意為意，凡事默默去做，不事張揚。許多人經他推薦而受重用，卻終生不知道自己被起用的背景。

從康熙開始，三代皇帝都對張廷玉這點極為讚賞。乾隆描寫他這一特點時說：「不茹還不吐，既哲亦既明。」

所以，說話做事，要小心謹慎，正所謂「一言不慎身敗名裂，一語不慎全軍覆沒」。有時過失成敗並非闖禍人的本意，而是由於經驗不足，言行不慎，誠為可惜。

25 聰明糊塗各有時

【原文】

好察非明，能察能不察之謂明；必勝非勇，能勝能不勝之謂勇。

【譯文】

喜好明察秋毫的人不是真正的明白人，該覺察的都能覺察到，不該覺察的就不去覺察和追究，這才是真正的明白人；

打仗時不管大仗小仗一定都要打勝，這種人不一定是真正的勇士，那些懂得該勝則勝，不該勝就不勝的人才是真正的勇士。

【人生感悟】

好察、必勝是精明，能察能不察、能勝能不勝是高明。精明屬於較低層次的智慧，高明才是最大的贏家。

高明就是知道自己該做什麼，不該做什麼，擁有絕對自由的選擇權。在可以明察秋毫的時候，選擇視而不見，在能夠成功的時機，選擇不戰或失敗，不是因為愚蠢和孱弱，而是為了成全隱藏在背後的目的。

這裡的智慧集中體現在「能不察」和「能不勝」上。什麼叫「能不察」呢？意思就是在一群人中，唯有自己洞察了這件事的本質，而又偏偏有人不願讓你把事實的真相說出來，於是只好裝作不知，以免自己的智慧太過而遭不測。什麼叫「能不勝」呢？真正有力量，不一定把人家打到趴在地上，能打贏，但盡量少打，留有餘地，這才是真正的力量。

凡事關鍵是掌握分寸。

年輕的時候我們往往是非分明，好惡立見，非此即彼。長大後才知道，很多事情是非無法分明，好惡也需要時間驗證，多數事情非此亦非彼，走了一條中間路線。法理亦含人情，此乃真明。

春秋時，齊國有位智者叫隰斯彌。當時當權的大夫是田成子，頗有竊國之志。一次，田成子邀隰斯彌談話，兩人一起登臨高台流覽景色，東西北三面平野廣闊，風光盡收眼底，唯南面有一片隰斯彌家的樹林蓊蓊鬱鬱，擋住了他們的視線。隰斯彌在談話結束後回到家裡，立即叫一家僕帶上斧鋸去砍樹。可是剛砍了幾棵，他又急忙叫僕人停手。家人望著他感到莫名其妙，問他為什麼顛三倒四的。

隰斯彌說：「國之野唯我家一片樹林突兀而列，從田成子的表情看，他是不會高興的，所以我回家來急急忙忙地想要砍掉。可是後來一轉念，當時田成子並沒有說過任何表示不滿的話，相反倒十分地籠絡我。田成子是一個非常有心計的人，他正野心勃勃要謀取國位，非常怕有比他高明的人看穿他的心思。在這種情況下，我如果把樹砍了，就表明了我有知微察著的能力，那就會使他對我產生戒心。所以，不砍樹，表明不知道他的心思，尚算不上有罪而可避害；砍了樹，表明我能知人所不言，這個禍，闖得可就太大了。」

人人都願意做一個聰明的人，不願意成為一個糊塗的人。但人生在世，許多時候逼得你不能不這樣做。因為這種「糊塗」才是頂級的聰明。

該糊塗的時候一定要糊塗，不要顧忌自己的面子、學識、地位、權勢；而該聰明、清醒的時候，則一定要聰明。由聰明而轉糊塗，由糊塗而轉聰明，則必左右逢源，不為煩惱所擾，不為人事所累，這樣的人也必會有一個幸福、快樂、成功的人生。

26 與人交往要冷熱適度

【原文】

念頭濃者，自待厚，待人亦厚，處處皆濃；

念頭淡者，自待薄，待人亦薄，事事皆淡。

故君子居常嗜好，不可太濃豔，亦不宜太枯寂。

【譯文】

一個熱情的人，往往能夠善待自己，同樣對待別人也溫馨仁厚，他要求處處都豐富、氣派、講究；

而一個冷漠淡薄的人，不僅處處刻薄自己，同時也處處刻薄別人，於是事事顯得枯燥無味而毫無生氣。

可見，作為一個真正有修養的人，在日常生活及待人接物方面，既不可過分熱情奢侈，也不可過度冷漠吝嗇。

【人生感悟】

在社會中，待人接物是一門大學問，一個人的處事方法，會受到自己生活觀念的影響。這些影響有正面的，也有負面的，意識到這一點，就要時刻告誡自己，做事要掌握好分寸。

俄國著名寓言作家克雷洛夫寫過一篇寓言——《傑米揚的湯》。寓言說的是有位善做鮮魚湯的傑米揚，為了款待老友福卡，做了一鍋香美可口的魚湯，一盤接著一盤地敬勸老友多喝，直喝得老福卡大汗如注，叫苦不迭。可是傑米揚還是一個勁地勸：「喝得痛快！好，再來一盤吧！」結果，儘管福卡很愛喝湯，也不得不趕緊拿起帽子、腰帶和手杖，用足全力跑回家去，從此再也不敢登傑米揚的家門了。

這則寓言告誡人們，事情做過了頭，好事也會變成壞事。《傑米揚的湯》生動形象地揭示了這個道理。做人待人在自己的心裡必須有一把準確的尺，什麼事太過或不足都是不對的。換句話說，每個人都應當遵守的生活原則是，既不要太濃豔而成為奢侈，也不要太淡薄而成為寡恩。

我們處理人際關係，應當時刻記住這個真理。比如坦誠、熱情、謙遜、活潑、謹慎等等，無疑都是待人之道必不可缺的品格。然而，這裡同樣也有一個「度」的問題，即要注意掌握分寸，盡量做到恰到好處，否則便極易失度，從而影響人際交往。也就是說，在為人處世上，不要過親，也不能過疏，保持一段合適的距離為好。

朋友之間不可以過密。

人都是孤獨的個體，所以有時人怕孤獨，希望有人能與自己共撐一片天，由陌路變成朋友實屬不易，要珍惜這份友誼，要用淡水來澆灌，否則，太濃了就容易凋謝。

夫妻之間不可過膩。

有一種「刺蝟理論」，是說刺蝟是渾身長滿刺的動物，冬天的時候，牠們就會彼此靠近，湊在一起取暖。但仔細觀察後發現，牠們之間卻始終保持著一定的距離。什麼原因呢？原來，距離太近，牠們身上的刺就會刺傷對方；距離太遠，牠們又會感到寒冷。只有若即若離，距離適當，才能做到既能相互取暖，又不會彼此傷害，這就和夫妻相處之道是一樣的。

上下級之間不可以過親。

中國古代大聖人孔子說過一句話：「臨之以莊，則敬。」這句話意思是說，領導者不要和下屬過分親近，要與他們保持一定的距離，給下屬一個莊重的面孔，這樣就可以獲得他們的尊敬。與下屬關係過於親近，往往會帶來許多麻煩，導致領導工作難以順利進行，影響領導形象。

鄰里之間不要過私。

在處理鄰里關係時，既不能太疏遠，也不能過於親密，應保持一定的距離，親而有間，疏而有密。因為每家都希望有一個沒有外人、獨立自由的空間，所以鄰里間的交往必須有一定的分寸，也就是保持一定的距離。

現實中的是是非非需要我們去判斷，待人的濃豔枯寂一定要適中，做人也才合群受敬。浪費無度足以敗身，刻薄寡恩必將失人，人的失敗往往起因於這兩件事。

27 朋友義氣，遠離一個「利」字

【原文】

交友須帶三分俠氣，做人要存一點素心。

【譯文】

跟朋友相處時必須有俠義精神，而做人要有一顆天真善良的赤子之心。

【人生感悟】

朋友往來不可只重視飲宴談笑的交際應酬，應重視道義之交，即有患難相助的俠義精神，鋤強扶弱不為暴力所屈，進而做到心心相印。假如交友本著互相利用的態度，那就違背了交友之道。

俠義交友，在武俠小說裡最常見。著名作家古龍筆下的楚留香就是其中之一，他與至友胡鐵花的交情唯天可表，無論哪個有難，另外一個絕不袖手旁觀，不管是龍潭虎穴，還是陰謀詭計，為了朋友絕不會皺一下眉頭。

當然，這是武俠小說中對現實生活中朋友義氣的一種誇大，但也絕不是捕風捉影。俠義交友講究一個「義」字，義與利是針鋒相對的，義是人與人之間的一種關係準則，孟子的「義」，是良心的意思，而俠義卻是用於規範和制約自己。一個人做了壞事，如果未受良心譴責，又不能良心發現，別人就有理由制裁他，制裁的行為，稱之為「義舉」，動機就是義氣。所以，這種「義」，與利是絕緣的。

在唐代，白敏中與賀拔惎是好朋友，兩人同到長安（今西安）參加科舉考試，當時的主考官是王起。王起知道白敏中出身望族，文才皆上品，十分賞識，有意取他為狀元，但又嫌他與貧寒的賀拔惎交往甚密，有些猶豫，便暗中派人去勸說暗示他：「只要你不再和賀拔惎來往，就取你為狀元。」

白敏中聽罷，皺起了眉頭，沒有答話，恰好這時賀拔惎來訪，家人便把他打發走了。白敏中得知，當場大發雷霆，立即把賀拔惎追了回來，如實地將情況告訴了他，並說：「狀元有什麼稀罕的，怎麼也不能不要朋友呀！」說畢，命家人擺起酒宴，與賀拔惎開懷暢飲。

說客看在眼裡，氣在心裡，回去便一五一十地向王起彙報，並從旁慫恿：「這小子放不下賀拔惎，咱們也別給他狀元。」誰知王起一反初衷，既取了白敏中，又取了賀拔惎。白敏中寧要朋友不要狀元的義舉，感化了王起那顆浸透了世俗偏見之心。

我們平日交友，須帶著幾分俠義心腸去交往，這樣才能獲得真正的摯友。否則，何來的朋友之意？又如何可以交心？然而心懷俠義之心地交友，也絕非只講義氣，盲目地和友人胡作非為，黑社會的兄弟間是重義氣，但那不是俠義之氣。一個真正以俠義交友的人，是和朋友相互規勸過失，勉志勵行，切磋學問，更可以在你受到脅迫時，為你打倒惡勢力的人。所以，朋友的交往要以俠義之心相交，感情才會真摯。

交友注重一個「義」字，做人要講究一個「素」字。「素」，本來是指未經染色的純白細絹，引申為純潔。《紅樓夢》有言：「一片白茫茫大地真乾淨。」陶淵明《歸田園居》詩曰：「素心正如此，開徑望三益。」做人還應該保持一顆純潔之心：隨俗而不為外物所染，見利不忘義，見錢不眼開，始終保持一片乾乾淨淨的內心世界。

28 處理問題要講求方法

【原文】

家人有過，不宜暴怒，不宜輕棄；此事難言，借他事隱諷之；今日不悟，俟來日再警之。

【譯文】

如果家人犯了什麼過錯，不可隨便大發脾氣，更不可以冷漠的態度置之不理。如果所犯過錯不好直說，就借其他事情暗示以使之改正；如果無法立刻使他悔悟，就耐心等待時機再殷殷勸告。

【人生感悟】

有一對恩愛老夫妻。每次到他們的家裡去，看到的都是夫妻倆一臉陽光，妻子給客人倒茶時，總不會忘記給丈夫倒上一杯。在客人面前，彼此間總是互提長處，或者有意把長處說成短處。比如，妻子說：「他呀，是個書呆子，看起書來就不要命。」丈夫說：「她生就是個出苦力的，什麼東西都要自己包辦。」等等，看起來是在批評，實則充滿了善意的關懷。

與此相反，另一對老夫妻，就不注意給對方留面子。他們常常翻臉吵架。一吵架便是高音喇叭，好像故意吵給人家看似的。而且互相翻「老底」、揭「瘡疤」，鄰人們都很反感，也很擔心他們遲早有一天會「散夥」。

我們知道，人是有感情的，人和人之間需要交流和溝通。大多數人在對待與親人的情感時都很保守，溝通也比較差。我們很少和家人說「我愛你們！」「有了你們我覺得很幸福！」之類的話，喜歡什麼事都憋在心裡跟家人暗暗較勁，或經常因為家人做錯了事情就大發脾氣，因為我們覺得家人是和自己最親的，他們會體諒自己，包容自己的一切。那麼，大家有沒有想過家人的感受呢？

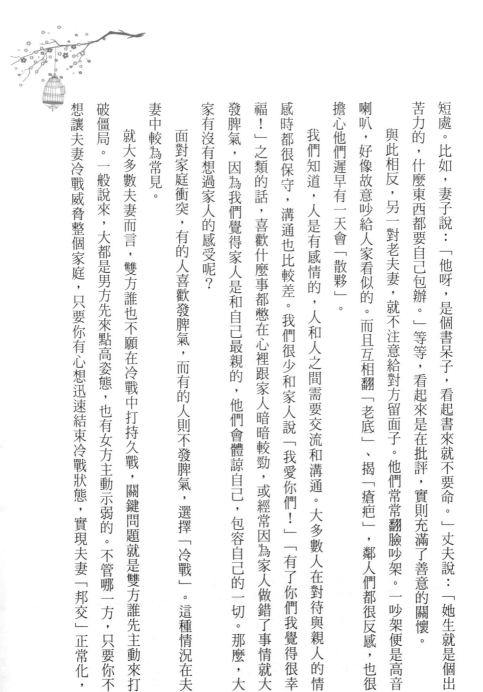

面對家庭衝突，有的人喜歡發脾氣，而有的人則不發脾氣，選擇「冷戰」。這種情況在夫妻中較為常見。

就大多數夫妻而言，雙方誰也不願在冷戰中打持久戰，關鍵問題就是雙方誰先主動來打破僵局。一般說來，大都是男方先來點高姿態，也有女方主動示弱的。不管哪一方，只要你不想讓夫妻冷戰威脅整個家庭，只要你有心想迅速結束冷戰狀態，實現夫妻「邦交」正常化，那你就應該乖乖地學學下面幾招：

請朋友作客，藉機搭話；熱臉迎向冷屁股，向對方大獻「殷勤」；打個電話，找個藉口說說話，可少尷尬；求對方幫個小忙，打破堅冰；佯裝生病或不舒服，讓對方來關心。

此外，還要切記，夫妻間的爭吵或是在一些問題中會讓對方覺得有失面子的事，永遠不要讓第三方知道，即便是自己的父母。這樣的做法能保證對方對你的信任，也就能讓對方在下一次爭吵中放下面子，忍讓於你。當對方讓步時，請小小誇獎一下，給他（她）修補一下失掉的面子。另一方面給他（她）一點實質性的獎勵：一個擁抱或是一杯熱茶……讓他（她）感覺到退讓有時比爭得面子更讓人心悅誠服。

如果家中孩子犯了過錯，也不要意氣用事，對孩子大發脾氣，也不應當嚴加責罵，同時也不應當輕易放棄，不再管教，甚至放任不管，每一個人都有自尊心，如果有了過錯不方便明說的話，可以藉別的事情來暗示他們，提醒他們，希望他們改正過錯。如果他們仍然不能覺悟，沒有意識到自己的過失，那麼以後也要警告他們，希望他們引以為戒，不要執迷不悟。

總之，對待家人的過錯，要像春風融化大地的冰凍一樣，不要急於求成而是慢慢地來，在不知不覺中進行，這樣既維護了家庭的和睦與安定，同時也達到了預期的效果。

罷釣歸來不繫船江村月落
正堪眠縱然一夜風吹去只在蘆
花淺水邊 写唐人詩意

29 孟嘗君的得與失

【原文】

用人不宜刻，刻則思效者去；交友不宜濫，濫則貢諛者來。

【譯文】

用人要寬厚而不可太刻薄，太刻薄就會使想為你效力的人離去；交友不可太多太浮，如果這樣，那些善於逢迎獻媚的人就會設法接近你，來到你的身邊。

【人生感悟】

《菜根譚》這句話所包含的深意，似乎指兩個方面：用人和交友，其實是有內在聯繫的。刻薄之人自然沒人願意效命，但是寬厚之人又容易交友過濫，魚龍混雜，也不是什麼好事情。

這方面，孟嘗君的做法值得我們借鑑。

戰國時期，秦昭王久聞齊國的孟嘗君田文很有能耐且很得人心，就邀請他到秦國當丞相。孟嘗君帶著一批寄居於自己門下的幫閒食客，來到了秦都咸陽。殊不知，此一時彼一時，不久，秦昭王受手下大臣的挑唆，不僅不重用孟嘗君，還把他軟禁了起來。

被軟禁的孟嘗君，如熱鍋上的螞蟻，不得不託人向秦昭王的寵妃燕姬求救，燕姬答應幫忙，開出的條件是要孟嘗君送她一件白狐裘（由純白的狐狸皮製成的袍子）。孟嘗君聞訊，十分為難。因為他僅有的一件白狐裘，已在先前送給了秦昭王作見面禮，現已鎖入秦宮大內衣庫。

這時，他手下一位善偷竊的門客，馬上拿出看家本領來為主人分憂排難。他在黑夜中，靈巧地學狗吠騙過了宮中的侍衛，鑽狗洞潛入秦宮，最終偷出了白狐裘，並立刻獻給燕姬。

經燕姬的如簧巧舌一說，秦昭王同意釋放孟嘗君。

孟嘗君唯恐夜長夢多，馬上啟程逃出咸陽。他到達函谷關時，正值半夜，函谷關的大門緊閉，按規定，只有每天清晨雞鳴之後，守關的士兵才能打開關門，讓人通過。心急如焚的孟嘗君，面對著緊閉的關門，為秦昭王的可能反悔而憂心忡忡。

這時，孟嘗君門客中，另有一位善於模仿雞鳴者，開口喔喔喔地叫了起來，引得關裡的公雞一鳴百應。如此的半夜雞叫，卻使守關的士兵以為天就要亮了，便打開關門，使孟嘗君一行人得以逃出了秦國。

果然，那一廂的秦昭王剛剛放走了孟嘗君就後悔了。於是，他派兵快馬加鞭，趕在天亮前追到了函谷關，想截住孟嘗君，但孟嘗君一行已離開秦境很遠了。

假設此次孟嘗君少了這兩位擅長雞鳴與狗盜的門客，那麼，他的性命與前程或許就凶多吉少了。孟嘗君之所以能逃脫這次厄運，並在其後取得了一定的政績，跟他的容人度量與不苛刻的用人方法，有著密不可分的聯繫。他對於天下投奔他的人，不管是有什麼能耐，一概收留，免費為他們提供衣食住行，當時號稱「食客三千」。

作為政治家，孟嘗君不像同時代的楚國大臣屈原那樣，強調天下唯我獨醒、唯我品德高潔，以免將自己立在天下人的對立面。他認可當時的現實，將三教九流、善惡賢愚者都招攬於自己門下，當他們的特殊作用得以發揮之時，就或多或少地有利於他與他的事業。

在用人術上，孟嘗君的做法是成功的，在中國歷史上也是獨樹一幟的。正是「用人不宜刻」的體現。

同時，孟嘗君的做法也有「交友過濫」之嫌。試想，食客三千卻沒有人幫助孟嘗君「預防災禍」，使孟嘗君輕信秦昭王之言，被軟禁在異國他鄉。而當這樣的生死關頭，卻只有「雞鳴狗盜」之徒挺身而出，可以想見，食客三千中肯定存在一些徒有虛名之輩。平時只知高談闊論，或者阿諛奉承，到了關鍵時刻，卻胸無一策。從這點看來，孟嘗君又是一個交友不慎的反面典型。

很多人認為交友愈多，本事愈大，人緣愈好，往往不選擇考察，泛認知己，患「好交症」，結果反而會失去真正的朋友。

所以，交友不宜濫交，否則，那些別有他圖者，就會利用某個人濫交朋友的弱點，想方設法地獻媚取悅於這個人。本質而論，交友講究的是品質，而不是數量。春秋時期，著名琴師俞伯牙在彈奏表現高山流水的曲目時，知音也僅是年輕樵夫鍾子期一人而已。後來，子期先死，伯牙悲痛萬分，在子期墓前彈了最後的一曲之後，就將瑤琴摔碎，以自己不再彈琴之舉，來表達對自己唯一知音的恆久懷念之情。

類似的事例，在古今中外並不鮮見，管仲與鮑叔牙、藺相如與廉頗、馬克思與恩格斯、魯迅與瞿秋白……莫不如此。難怪劉勰有言：「逢其知音，千載其一乎！」魯迅先生則有「人生得一知己足矣」的人生心得。

30 逆境是一筆財富

【原文】

耳中常聞逆耳之言，心中常有拂心之事，才是進修德行的砥石。若言言悅耳，事事快心，便把此生埋在鴆毒中矣。

【譯文】

一個人的耳朵假若能常聽些不中聽的話，心裡經常想些不如意的事，這才是敦品勵德的好教訓。

反之，若每句話都好聽，每件事都很稱心，那就等於把自己的一生葬送在劇毒之中了。

【人生感悟】

逆耳之言、拂心之事對人來說都是很好的考驗。如果可以跨過這一關口，收益就會頗多。

人們生性喜歡肯定、讚揚，這是骨子裡就存在的弱點。正如小孩學走路，媽媽總是在一旁不斷地鼓勵，即使走了一步就摔了跤，媽媽也會高興地誇讚。但是，在生活中，逆耳之言多半是良言、真話，是對你有說明的勸誡。而那些無緣無故的讚美之言，多數會使你飄飄然，然後忘乎所以，做出令你後悔終生的事。

所以自古奸臣、小人、騙子等最大的共同點就是滿嘴好話，口蜜腹劍。而忠臣、諍友的最大特點就是說真話，不管你愛聽不愛聽。

因此，一個人怎樣對待「逆耳之言」，是一個人品德、修養、器量的體現。

一個人生存在世間，要有所作為，必須對自己有一個清晰的認知。包括身分、地位、能力、性格、長處、短處。只有在你對自己有一個較為切合實際的自我認知之後，才會分清哪些稱讚是真心的，哪些稱讚過了頭，尤其是要檢討一下自己的缺點。要想別人騙不了你，只有自己不欺騙自己。逆耳之言就是幫助你認識自己的利器。

「拂心之事」對人來說，更是性情、意志的磨練。人生不如意事十常八九，這就是說人生在世要經常接受各種橫逆和痛苦的考驗，必須經過幾番艱苦的奮鬥才能走上康莊大道。一生都想稱心如意根本是不可能的事。可惜的是，一些膚淺之輩，遇到不順利就怨天尤人。一個人只有經歷了逆境的多次考驗，才能真正認知人生，擔當大任。

孟子說：「天降大任於斯人也，必先苦其心志，勞其筋骨，餓其體膚，空乏其身，行拂亂其所為，所以動心忍性，增益其所不能。」因此，聽逆耳之言不要動怒，處逆境也不必埋怨，因為逆境可以鼓勵我們奮發向上的精神。

31 即使美德也要適度，不可太過

【原文】

憂勤是美德，太苦則無以適性怡情；

澹泊是高風，太枯是無以濟人利物。

【譯文】

盡心盡力去做事本來是一種很好的美德，但如果過分認真而使心力交瘁，就會使精神得不到調劑而喪失生活樂趣；

把功名利祿看得很淡本來是一種高風亮節，但如若過分清心寡欲，對社會人群也就沒有什麼貢獻了。

【人生感悟】

我們知道，畫國畫要講究「留白」，在沒有筆墨的地方，顯水天之空靈，凸畫意之深遠，謂之「留白天地寬」。

人生也需要留白。有些胸懷大志心憂天下的人，為了珍惜人生的光陰，習慣於將每天的日程安排得滿滿的，左手與右手不停地勞作，左腳與右腳不停地奔波，即使再累，也得支撐著。

所以《菜根譚》告誡我們：憂勤是美德，太苦則無以適性怡情。人若失去了愉快的心情和爽朗的精神，還有什麼生活的樂趣呢？

饕餮是我國古代傳說中的一種怪獸，牠沒有身體，只有一個巨大的頭和一張碩大的嘴。牠十分貪吃，逮著什麼就吃什麼。由於吃得太多，最後被撐死了。

蝜蝂是一種愛背東西的小蟲。爬行時只要遇到東西，就都抓取過來背上。東西越背越重，即使非常勞累也不停止。這種小蟲還喜歡往高處爬，再苦再累也不肯停下來，最終筋疲力盡跌倒摔死在地上。

放眼望去，在當今社會的各個角落，像饕餮和蝜蝂這樣被撐死和累死人還真不少。什麼事情都講究適度的原則。對於事物不可過分執著，淡泊名利的思想固然好，但過分輕視世間的功名利祿，就會被人誤會缺乏匡世救人精神，這時就會被社會大眾所唾棄。因此，勤於事業但不能使自己心力交瘁，淡泊名利但不能忘記社會責任。

有人詢問一位辦事高手：「如何才能辦好每件事？」高手答：「也沒有什麼，只是折中罷了。」怎樣做到「折中」？就要充分利用各種積極因素。只有這樣，做事情才能「符合常理，不偏不倚」。

世事多艱，沒有幾件事可以簡單、順利地辦理。要成事，就需要折中。那種懷著滿腔理想主義、對生活沒有一絲一毫妥協的人，是很難辦成事情的。「折中」二字可使我們在生活中受益良多。

32 不作害人之想但有防人之心

【原文】

害人之心不可有，防人之心不可無，此戒疏於慮者。寧受人之欺，毋逆人之詐，此警傷於察者。二語並存，精明渾厚矣。

【譯文】

「害人的心思不可有，防人的心思不可沒有。」這是用來勸誡與人交往時警覺性不高的人。「寧可忍受他人欺騙，也不願事先拆穿騙局。」這是用來勸誡那些警覺性過高、想得太細的人。

假如一個人和人相處時能牢記上面兩句話，就算得上警覺性高又不失寬厚的待人之道。

【人生感悟】

「害人之心不可有，防人之心不可無」，大多數人對這個道理都非常認同。在社會上，我們每天交往的人很多很雜，如果沒有警惕之心，恐怕天天要上當受騙。反之，為了自己的利益，挖空心思，欺騙、坑害他人，也是不會善終的。害人之人早晚被人識破，也可能遭到「以其人之道，還治其人之身」的反擊。

一個有修養的人要做到「害人之心不可有」很容易，只要控制住自己對利益的貪婪，心地光明就可以了。但是要做到防止別人害自己，那就很難了。因為生活中各種各樣的人絕非我們能夠看透的，時刻小心，也難免誤入圈套。這就是我們常說的「道高一尺，魔高一丈」。

有一位和尚已年逾花甲，加上有些積蓄，就想找一個老老實實品德端正的徒弟。

一天，一個年輕人來到廟裡，求見老和尚說自己要出家，老和尚沒有表態，先叫他在太陽下站兩個時辰再說，一會兒，年輕人熱汗直冒，忍受不住，趁老和尚不在，跑了。

過幾天，又來了一個小夥子誠懇地要求出家，老和尚也沒有馬上答應，先叫他在河裡洗兩個時辰木炭再說，小夥子覺得洗木炭是捉弄人，當場丟下木炭揚長而去，老和尚見了，不由得連連搖頭。

又過了一段時間，來了一個年輕人。他一踏進廟門就一頭拜倒在老和尚面前，發誓出家終生，不再糾纏塵世，懇求老和尚收他。老和尚見他出家之心如此堅決，而且又這般有禮，心裡早有五分歡喜，但還是叫他先在太陽下站兩個時辰。年輕人二話沒說，真的在烈日下站了兩個時辰，身上曬脫了一層皮。老和尚見了心裡又增加了三分歡喜，接著又叫他去洗木炭。年輕人拾起木炭，足足洗了兩個時辰。老和尚見年輕人彬彬有禮，誠實聽話，就收下他了。

小和尚進廟後十分出眾，所做事情都令老和尚稱心如意。

兩個月過去了，這天老和尚要下山化緣，簡單地交代了小和尚幾句，就放心地走了。

可是等老和尚三天後回來，廟裡早被洗劫一空，唯見牆上留下四句詩：

老老實實日下站，
老老實實洗木炭。
和尚師父出了門，
牢牢實實挑幾擔。

老和尚千防萬防，還是沒有防住。在物欲橫流的現今社會，「防人之心」更是少不得的。明槍易躲，暗箭難防，在生活的漫長歲月中，免不了會遇到出賣、敵意、中傷、陷阱等種種料想不到的事情，如果事先做好防範工作，就能把受害程度降到最小。

防人是有技巧的。首先是要做好自己的工作，不要讓人輕易摸清你的底細，實際上的做法便是不隨便露出個性上的弱點，不輕易顯露自己的欲望和企圖，少露鋒芒，不得罪人……別人摸不清你的底細，自然不會隨便利用你、陷害你，因為你不給他們機會。兩軍對陣，虛實被窺破，就會給對方可乘之機，「防人」也是如此。

其次是不要貪圖便宜。凡騙人者大多數利用的都是人們貪利的弱點，欲取之先與之，當你以為佔到便宜時，也就開始上當了。

俗話說得好，「人無打虎心，虎有傷人意。」如果我們在和人相處時，心中先存幾分戒心，那麼世界上絕大多數騙局都將被識破。

「人與人之間應相互信任」、「人性是善良美好的觀念」，這些教育沒有錯誤，然而，想法的美好不能完全抵禦生活的嚴酷。信任也要分清環境和不同的人，不分輕重，不看對象，結果為此反而授人以柄，這種人就犯了太相信人的大忌。

33 接受一時之歡，更要接受久處的平淡

【原文】

使人有面前之譽，不若使其無背後之毀；使人有乍交之歡，不若使其無久處之厭。

【譯文】

讓別人當面誇獎你，還不如使人在你背後沒有非議詆毀之詞；剛剛見面就使人覺得結交你很高興，還不如使他和你長久相處得一直很好，從不生厭煩情緒。

【人生感悟】

人心難測，海水難量。別人當面誇你，你千萬別太得意，這說明背後詆毀你的人也大有人在，世界上的事情，凡是有人擁護的就有人反對。剛接觸的人見了面很投緣，相逢一笑，心

有感然，這個自然很好，但無法保證你們一直就保持這樣的關係，人們因為陌生而相識，又因為相識而陌生。

「乍交之歡」，也就是說開始交往的時候往往都會歡歡喜喜；「久處之厭」，也就是時間久了往往產生厭煩的情緒。

為什麼這樣呢？因為人初相識總是充滿著一份好奇感和新鮮感，初見面時都刻意修飾，力求舉止得體，不把自己的缺點暴露出來，「裝」出好樣子來，期望為他人留下一個美好的第一印象。因此，第一印象遠較平日來得完美。可是日久見人心，熟悉以後，新鮮感消失，就開始放鬆約束，將自己的種種缺點暴露無疑，最初的親切感也會因為缺點的增加和距離的拉長而改變。

相處本身是個很深奧的話題，很多男女在戀愛期間，滿眼都是對方的美好，及至組建家庭，久處之後，失去生活本應有的情趣，味同嚼蠟，又嘗試脫離這個令人厭倦的家庭或者圈子。可是，到哪裡不都是這樣，乍交之歡固然令人喜悅，但畢竟是短暫的，久處之後，一樣出現了很多問題，歡娛變為麻木，激動回歸平淡。這正如旅行時的一種感受，旅行中的人一般都很寂寞，心情也很放鬆，如果在旅途上碰上一些同道中人，或者談得來的朋友，那這趟旅程一定充滿了歡喜，似乎相見恨晚，形影不離，離別時還珍重相約何時再聚。因為陌生，才無防備，因為不知，才如遇知己。想通了，也不過如此。因此，珍惜身邊的事物，接受平淡是真，對於人生來說，會讓我們變得更加恬淡和懂得感恩。

34 和小人保持距離

【原文】

休與小人仇讎，小人自有對頭；
休向君子諂媚，君子原無私惠。

【譯文】

不要跟小人結仇，因為小人自會有人對付他；
不要向光明磊落的君子獻殷勤，君子不會循私情。

【人生感悟】

一位偉人說過：「世上最可靠的是人，最不可靠的也是人。」最可靠的是指君子，最不可靠的則是指小人。世界上每個地方都有小人，他們身上有許多不良品質，諸如造謠生事，陽奉陰違，兩面三刀，他們的眼睛牢牢地盯著我們周圍大大小小的利益，隨時準備多撈一份，為此甚至不惜一切代價用各種手段來算計別人。這種人常常是一個團體的紛擾所在，很令人討厭。許多人都對這種人抱仇視的態度。《菜根譚》教導我們不要與小人結仇。君子不與小人結仇，是為了避其險惡，更是不屑尋仇或是無暇為仇。

寧得罪君子，不得罪於小人。君子得罪小人，小人必欲置君子於死地。小人未得勢時，琢磨如何借刀殺人；小人得勢後，往往採用「合法手段」，立即拿得罪過他的人開刀，所謂睚眥必報。

歷史上郭子儀與盧杞交往的故事可以稱得上與小人交往的處事典範。

唐朝名將郭子儀的晚年退休家居，忘情聲色來排遣歲月。那時，唐史《奸臣傳》上出現的宰相盧杞，還未成名。

有一天，盧杞來拜訪郭子儀，郭子儀正被一班家裡所養的歌伎們包圍，得意地欣賞玩樂。一聽到盧杞來了，馬上命令所有女眷，包括歌伎，一律退到大會客室的屏風後面，一個也不准出來見客。

郭子儀單獨和盧杞談了很久，等到客人走了，家眷們問他：「您平日接見客人，都不避諱我們在場，談談笑笑，為什麼今天接見一個書生卻要這樣慎重？」

郭子儀說：「你們有所不知，盧杞這個人很有才幹，但他心胸狹窄，睚眥必報。長相又不好看，半邊臉是青的，乍看好像廟裡的鬼怪。你們女人家最愛笑，沒有事也笑一笑，如果看見盧杞的半邊藍臉，一定會笑，他就會記恨在心，一旦得志，你們和我的兒孫，就沒有一個活得成了！」

當時，郭子儀是汾陽郡王，德宗皇帝尊稱他為「尚父」，而盧杞不過是御史大夫，無論資歷、地位和聲望，盧杞都無法與郭子儀比。但郭子儀接待這個「小字輩」竟顯得那麼精細小心，是否有點過慮？

正應了「薑還是老的辣」這句俗語，郭子儀說這番話的第二年便病逝了。不出他生前所料，盧杞憑著自己口才好，善於揣測和迎合上位者的心思，深得昏君德宗的賞識，從而迅速竄紅，當上宰相。凡是過去有人看不起他，得罪過他的，一律不能免掉殺身抄家的冤報。只有郭子儀全家，即使稍稍有些不合法的事情，盧杞還是保全，認為郭令公非常重視他，大有知遇感恩之意。

不難想像，面對盧杞這樣的得寵小人，如果不是郭子儀當年遠慮深謀、精細小心，郭氏一族恐怕後來還真難逃一劫呢。

有一句話叫「惡人自有惡人磨」，也就是小人自然有人來降制他。「種桃李者得實，種荊棘者得刺。」小人在他走的路上不停地播撒仇恨，其所作所為，常常令人切齒痛恨。所以小人的最終結局是可想而知的。

在生活和工作中，不要忽視小人，更不要得罪小人。如果得罪了他們，他們可能會處心積慮地對付你，甚至不把你置於死地而不甘心。

所以，和小人保持距離就好了，不必嫉惡如仇地和他們劃清界線，他們也是需要自尊和面子的，何況你不可能完全「消滅」小人。因為「小人」是一種人性現象，而人性是亙古存在的，因此不如和他們保持一種「生態」上的平衡。

35 共富貴難，難在看淡利益

【原文】

炎涼之態，富貴更甚於貧賤；妒忌之心，骨肉尤狠於外人。此處若不當以冷腸，御以平氣，鮮不日坐煩惱障中矣。

【譯文】

炎涼冷暖的世態，富裕顯貴人家更是勝過於貧窮微賤人家；嫉妒猜忌的心理，骨肉至親之間尤其狠毒於外界的陌生人。

這種情形如果不能以冷靜態度面對，平和之氣控制，很少不是終日停留在煩惱、氣憤的氛圍中了。

【人生感悟】

為什麼「共患難易，共富貴難」？這是一個很難解釋的問題，但是卻活生生地存在於我們的生活中。共富貴難，難就難在「季孫之憂，不在顓臾，而在蕭牆之內」。患難之時都有共同目標，彼此利益綁在了一起，人心易齊。及至富貴，人心離散，直至勾心鬥角，爾虞我詐，爭權奪利，自我消耗，

小到一家一戶，大到世界國家，皆是如此。

貧窮之家，父子兄弟為了衣食的飽暖患難與共，有困難共同想辦法，有了收穫，共同歡喜，骨肉之情甚濃，毫無芥蒂之心。及至富貴，生活的一切都發生了翻天覆地的變化，為了佔有更多的利益，爾虞我詐，最後分崩離析。

小夫妻生活貧困，數著錢花，幾年不添衣服也能過。而且互相關懷，互相惦記，恩愛非常。終於發了大財，總以為從此就過好日子了。可是誰曾想到雙方沒了共同語言，弄不好還出現個「二奶」什麼的，鬧得家裡雞犬不寧。

及至國家更是如此，中國歷史上的著名人物范蠡對越王勾踐的評價是：可與共患難，不可與共富貴。所以，范蠡輔佐越王滅掉吳國之後就掛冠而去，隱姓埋名，成就了一段佳話。文種則雖有經國之才，卻少知人之明，功成名就之後沒有急流勇退，結果命喪九泉。

漢武帝在長安城內跟自己的太子大動干戈，最後竟把太子逼得走投無路懸樑自盡。

隋煬帝，自己雖然已經被冊立為太子，可是為了急於當皇帝掌握大權，竟然不惜悖逆倫

常謀殺親父隋文帝而即位。

唐太宗，由於自己是次子而無法繼承大統當皇帝，竟狠下心腸用毒辣手段發動「玄武門之變」殺死同胞兄弟。

武則天為了篡奪大唐天下，竟然不惜謀殺自己的親生子女。

一切都是利益使然。

這樣的事例在中國的歷史上隨處可見，都是「炎涼之態富貴甚於貧賤，妒忌之心骨肉狠於外人」的典例。

某些富貴的人為了求自己的名利，逐漸轉移情感，趨向於利益的方面。對無利的方面，人情就淡薄了。難怪孔子會說：「為仁不富，為富不仁矣。」

認知到這一問題，如果一個人處於權力中心或者富貴之家，就應該冷靜對待，把利益看淡，退出無謂的爭奪，避免骨肉相殘的悲劇。

36 千人千面，重在攻心

【原文】

遇欺詐之人，以誠心感動之；遇暴戾之人，以和氣薰蒸之；遇傾邪私曲之人，以名義氣節激勵之。天下無不入我陶冶中矣。

【譯文】

遇到狡詐不誠實的人，用真誠的態度去感動他；遇到粗暴乖戾的人，用平和的態度去感染他；遇到行為不正自私自利的人，用道義名節去激勵他。那麼天下就沒有人不受我的感化了。

【人生感悟】

世上的人千人千面，千變萬化，所以與人交往要有不同的方法。教育要因材施教，與人交往也要因人而異。

歷史上諸葛亮「七擒孟獲」就是這樣一個經典案例。

蜀漢在劉備死後，劉禪即位，朝廷上的事不論大小，都由諸葛亮來決定。諸葛亮兢兢業業，治理國家，想使蜀漢興盛起來。沒料到南中地區（今四川省大渡河以南和雲南、貴州一帶）幾個郡倒先鬧了起來。益州郡有個豪強雍闓，聽說劉備死去，就殺死了益州太守，發動叛變。他一面投靠東吳，一面又拉攏了南中地區一個少數民族首領孟獲，叫他去聯絡西南一些部族起來反抗蜀漢。

這樣一來，蜀漢差不多丟了一半土地，諸葛亮決定發兵南征。

西元225年3月，諸葛亮率領大軍出發。一路上節節勝利。大軍還在半路上，越巂酋長高定和雍闓已經發生火拼。高定的部下殺了雍闓。蜀軍打進越巂，又把高定殺了。四個郡的叛亂很快就平定了。

但是事情還沒有結束。南中酋長孟獲收集了雍闓的散兵，繼續反抗蜀兵。諸葛亮一打聽，知道孟獲不但打仗驍勇，而且在南中地區各族群眾中很有威望。

諸葛亮決定採用攻心政策，收服孟獲。他下了一道命令，只許活捉孟獲，不能傷害他。

諸葛亮善於用計謀，蜀軍和孟獲軍隊交鋒的時候，蜀軍故意敗退下來。孟獲仗著人多，一股勁兒追了過去，很快就中了蜀兵的埋伏。南兵被打得四處逃散，孟獲本人就被活捉了。

孟獲被押到大營，心裡想，這回一定沒有活路了。沒想到進了大營，諸葛亮立刻叫人給他鬆了綁，好言好語勸他歸降。但是孟獲不服氣，說：「我自己不小心，中了你的計，怎麼能叫人心服？」諸葛亮也不勉強他，陪著他一起騎著馬在大營外兜了一圈，看看蜀軍的營壘和陣容。然後又問孟獲：「我們的人馬怎麼樣？」

孟獲傲慢地說：「以前我沒弄清楚你們的虛實，所以敗了。今天承蒙您給我看了你們的陣勢，我看也不過如此。像這樣的陣勢，要打贏你們也不難。」

諸葛亮爽朗地笑了起來，說：「既然這樣，你就回去好好準備一下再打吧！」

孟獲被釋放以後，逃回自己部落，重整旗鼓，又一次進攻蜀軍。但其結果是二次被捉。

諸葛亮見孟獲還是不服，又放了他。

如此捉放，到了孟獲第七次被捉的時候，諸葛亮還要再放。孟獲卻不願意走了。他流著眼淚說：「丞相七擒七縱，待我可說是仁至義盡了。我打心底裡敬服。從今以後，不敢再反了。」

孟獲回去以後，還說服各部落全部投降，南中地區就此重新歸蜀漢控制。

所謂「精誠所至，金石為開」。對於為一己的私利私欲而欺心的人，我們要用真誠、平和的心態感化他，給他名譽、義理與節操，使他本心恢復到善境，這樣的做法，既不損人性，又合乎人的心理。

電視節目播放了這樣一個故事：

有一位的女大學生，當看見別人的錢包被搶時，奮勇上前與小偷搏鬥為其搶回了錢包，但錢包裡並沒有多少錢。遺憾的是，與此同時，她的錢包卻被另一個小偷偷走了。事後，她的行為不僅沒得到社會的承認，還被許多人說成「傻」。別人的不理解讓她對社會公眾失去了信心，對做人的誠信也產生了懷疑。讓人意想不到的是，十天後，她所在的學校收到了女生丟失的錢包，她為失而復得的錢包高興，更為那封附上的信而感動。那封信來自於偷她錢包的小偷，他當時也看到了她見義勇為的一幕，是她的精神感動了他，所以他根據錢包裡的借書證地址把錢包以及錢物一併寄回，並且發誓以後一定好好學習，重新做人。

面對世上各種各樣的人，我們如果能夠做到「攻其心」，就能做到「改其行」，最終感化他們。

37 保持恰當的距離最重要

【原文】

與人者，與其易疏於終，不若難親於始。御事者，與其巧持於後，不若拙守於前。

【譯文】

人與人之間的交往，與其最後關係逐漸疏遠，倒不如一開始就不要顯得那麼親密。處理事情，與其將來要費盡心機，不如事前踏踏實實準備。

【人生感悟】

在生活中，「一見鍾情」的愛情最容易破碎，與人交往，先親後疏還不如始終保持平淡的關係，因為對人的感情會有所傷害。

所以，在沒有真正瞭解一個人之前，一定要保持距離，親而有間，疏而有密。人與人的交往必須有一定的分寸，也就是保持一定的距離。

莎士比亞有一句名言：「我並不是要壓住您的愛情烈焰，可是，這把火不能夠讓它燃燒得過於熾盛，那是會把理智的藩籬完全燒去的。」倘若「愛」過了頭，不僅理智會被燒光，而且愛情也會被燒焦。

保持距離也省去了由於交往過密而帶來的副作用。交往愈深，需要付出的經歷和時間就愈多。

防止「親則疏」，還要注意不要對別人的家庭私事說三道四，關係再親密也只有分享友情的便利而沒有「干涉內政」的權力。如果你不小心得知了別人的某些隱私，最好的處理方法是三緘其口，沉默是金，千萬不要為一時的嘴上痛快，讓別人的私事成為公眾茶餘飯後的話題。

保持距離也可以使人與人之間的關係富於彈性，說得來便可多談一會兒，說不來彼此客氣也不失為一種禮貌。這種親疏有別、進退自如的關係倒正好給我們提供了更廣闊的交往天地。

保持距離並不是態度冷漠，而是在理解別人的基礎上給人的一份尊重，在淡泊的關係中完成自我的人格建立。

38 做事不要衝動

【原文】

君子宜淨拭冷眼，慎勿輕動剛腸。

【譯文】

一個有才學品德的君子，不論對於任何事物，都要保持冷靜態度去細心觀察，絕對不可以隨便表現自己剛直的性格。

【人生感悟】

性格耿直的人，對於自己的想法，從來是不多加掩飾的直言不諱。但要明白「橈橈者易折，皎皎者易污」，這是亙古不變的道理，人的性格亦然。性格耿直，不知迂迴通達者，必然四處碰壁。有時候太直會壞了事，容易被認為是桀驁不馴。

遇事直率當然沒錯，但要看對象能否接受，不要以為因為自己直率是優點，誰都會欣賞。

有時直率的出發點是好的，辦事的設想也是可行的，但很可能由於性格不和而難以成事。坦誠直率往往伴隨著固執、生硬。而做事的目的是為了解決問題把事辦好，絕不只為表現一下直率的觀點。熱心過度，也會招致人家的怨尤。所以，要以冷靜的頭腦來考慮事情，然後以理智來判斷是非，這樣才不會發生錯誤。切忌在感情衝動之時輕舉妄動。

日本古時候有一個武士倉鎌五郎，他做了源義家軍隊中的先鋒，在戰場上衝鋒時，被敵人的箭射中了眼睛，但他並不取下箭矢，而是奮勇把敵人射死，然後倒在草地上。他的同僚將官三浦為繼走到他的身邊，想要設法從他眼睛裡拔除箭鏃，於是以腳踏著權五郎的臉，想把箭從眼睛裡拔出來，這時候權五郎忽然跳起來要殺為繼，為繼吃驚地躲開，問他什麼緣故？權五郎說：「武士死於戰場是常有的事，但生平還沒有人敢用腳踏著我的臉，我認為這是莫大的恥辱。」為繼領悟了他的語意，深深謝罪，然後跪在地上，將箭由權五郎的眼中取下來。

為繼的動機是好的，但他沒有考慮權五郎能否接受臉上踏著一隻腳，所以最簡單直接的解決問題的方法不一定是最好的解決辦法。

耿直的人最好學一點圓融和含蓄，這是性格成熟的兩個要素，也是適應社會需要的兩個權變指標。

另外，耿直不是不分場合、分寸亂講話，耿直也要講究說話藝術，要有包容的雅量。鄭板橋曾經說過，在通往佛殿的小徑上，既有鮮花又有毒草。可見佛能包容毒草。又說，蘭草因為有了荊棘的護衛，生長得越發旺盛。這蘭草就是君子，荊棘就是小人，君子離不開小人的滋潤，他能容納小人，如此他才成為了君子。為人處世，如果以嚴厲的態度對待別人，就會招致別人的怨恨，引來不滿。如此，於人於己都不利，何苦呢？相反，求大同存小異，才是明智之舉。

39 要善於批評

【原文】

攻人之惡勿太嚴，要思其堪受；

教人之善勿過高，當使其可從。

【譯文】

責備別人的過錯不可過於嚴厲，要顧及到對方是否能承受。

教誨別人行善不可期望太高，要顧及對方是否能做到。

【人生感悟】

別人有了過錯當然要批評，要達到批評的目的，必須考慮批評的方式和方法。否則，別人不但不接受你的批評，還會影響人際關係的和諧。

愛默生說：「批評不應該是一味抱怨、全盤貶斥，或者全是無情攻擊與徹底否定，而應該具有指導性、建設性和鼓勵性。要吹南風，不要吹東風。」

法國作家拉封丹寫過這樣一則寓言：南風與北風打賭，看誰能夠脫去一位農夫的衣服。北風自以為力氣大，脫件衣服不是難事。於是北風先來，他使勁地向農夫吹著寒冷的風，直吹得農夫渾身瑟瑟發抖，直打哆嗦。農夫不但沒有脫衣服，反而裹緊外衣，躲到背風的地方去了。北風只好無功而返。緊接著由南風出馬，他向農夫輕撫慢拂，給農夫送去溫暖的熏風。農夫本來就在田野裡勞動，身上出了熱汗，經南風這麼一吹拂，頓覺渾身發熱。於是就放下手裡的活，到田邊脫去衣服，再接著繼續勞作。南風取得了最後的勝利。

這個故事告訴我們，批評的方式很重要，好的方式可以事半功倍。

對於外向型性格者，大可毫不客氣地糾正其錯誤。因為，此種類型者在被斥責之後，通常不會留下後遺症。換言之，他們懂得如何將遭受斥責的不甘心理向外擴散，腦中餘留下的只是教導的內容。甚至上司若對他們大發雷霆時，他們反而能提高接受的程度。

然而，對於內向性格的人則不可採取前述的方法。由於內向性格者在受到責罵時，情緒會變得非常緊張，且往往將不甘心理積沉於心底。如此一來，不但無法將痛苦往外擴散反而可能因此萎靡不振。對於這種類型的人，可融批評於讚揚之中，即先讚揚，後批評，在被批評者自尊心理的天平兩邊各加上相同的砝碼，使他保持心理平衡，理智地接受批評。

40 讀懂社會這本無字書

【原文】

人解讀有字書，不解讀無字書；知彈有弦琴，不知彈無弦琴。以跡用不以神用，何以得琴書佳趣？

【譯文】

人們只懂得讀有文字的書，卻不懂得研究自然這本無字的書；人們只知道彈奏普通有弦琴，卻不知道欣賞自然界無弦琴的美妙聲音。也就是只知道運用有形跡的事物，而不懂得領悟無形的神韻，這種庸俗的人又如何能理解音樂和學問的真正樂趣呢？

【人生感悟】

俗話說，「巧婦難為無米之炊」，同樣，如果琴沒有一根琴弦，相信再偉大的音樂家也無法演奏。可是據史書上記載，那位不為五斗米折腰的陶淵明就善於演奏無弦琴。《晉書・陶潛傳》上說他「性不解音，而蓄素琴一張，弦徽不具，每朋酒之會，則撫而和之，曰：『但識琴中趣，何勞弦上聲。』」「素琴」者，無弦無徽之琴也。這位五柳先生既不懂音樂，又是喝到半醉之時，無技巧韻律可言，似乎這種無弦琴像皇帝的新衣一樣，只要裝模作樣以無充有地瞎撫弄即可，似乎人人都可以彈的。

然而禪說：「撫有弦琴易，無弦琴難。」有弦琴是用手指彈，而無弦琴是用心來奏的。佛指解脫妄心的真心為無心，「有心則不安，無心則自樂。」偈云：「莫與心為伴，無心心自安，若將心作伴，動即被心謾。」謾者，欺騙也。許多事，不要用盡心機地去做，一切都自然而然地以無心應之，這應該是做人做事的超凡境界了吧。

與此相對照，讀有字書容易，讀無字書難。自然、社會都是一本無字書，不能從中領悟出「神用」，則是人生一大遺憾。

很多人讀書很少，甚至沒有進過學校，但是卻獲得了人生的極大成功，因為他讀透了社會這本無字書。

社會是一所大學校，處處留心皆學問。學校學到的知識是系統的、專業的，然而，卻有些知識，只有真正在社會這所大學摸爬滾打，嘗盡人間辛酸，感受冷眼嘲諷，才能領悟真正的人生。

沒有磨難就不懂珍惜，沒有磨難就不會去設法改變命運。磨難對一個人來說，並非都是好事，它是把雙刃劍，對平庸的人、對不思進取的人，它只會讓你變得更平庸，得過且過，了卻餘生。但對於堅強的人來說，才是最好的鍛鍊機會，才會使你不斷學習，不斷適應社會環境，不斷進取。

社會是一所磨礪人的大學，更是一所考驗人意志的大學，明知山有虎，偏向虎山行，只有那些逆風而進、不畏艱苦的人，才會在這所大學學到真正的東西，才會有所收穫。

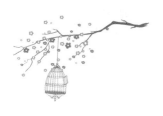

41 君子如何坦蕩蕩

【原文】

曲意而使人喜，不若直躬而使人忌；無善而致人譽，不若無惡而致人毀。

【譯文】

一個人與其委屈自己的意願去博取他人的歡心，實在不如以剛正不阿的言行而讓那些人去忌恨；一個人沒有善行而接受他人的讚美，還不如沒有惡行劣跡卻遭受小人的誹謗。

【人生感悟】

何謂「君子坦蕩蕩」？那就是「直躬不畏人忌，無惡不懼人毀」。正是因為坦蕩蕩，所以君子不惑，不憂，不懼。

有人說，上面這段話講的是每個人的做事方式不同，其實是錯誤的，這四句話的重點都在前面幾個字。總結起來就是「曲意」不如「直躬」，「無善」不如「無惡」。

奉承的人容易使人高興，卻難以得到別人的友情。他的圓滑世人共知，其心不可測，人們都害怕與他交往多了會遭其算計。堅持正直的言行雖然遭人嫉恨，但事後會獲得別人的尊敬。因為他對事不對人，一片公心，沒有故意坑害人，所以人們不容易和他有私怨。

無善致譽和無功受祿獲取不義之財一樣令人擔心。前者所帶來的虛榮，是人生的迷魂湯，容易使其迷失方向。自己未曾作惡，但卻受到居心不良者的譭謗，它帶來的苦難，是人生的磨礪石。

受人誹謗只不過是浮雲蔽日，而那種不義之名卻是看不清深淺的陷阱。

宋代宰相富弼年輕時，有人告訴他：某某罵你。富弼說：恐怕是罵別人吧。這人又說：叫著你的姓名罵的，怎麼是罵別人呢？富弼說：恐怕是罵與我同名字的人。據說，那位罵他的人，聽到這事以後，自己慚愧得不得了。為什麼慚愧呢？因為與自己一比，富弼人格優勢太突出了。

所以要記住這段話的真意：「曲意」不如「直躬」，「無善」不如「無惡」。

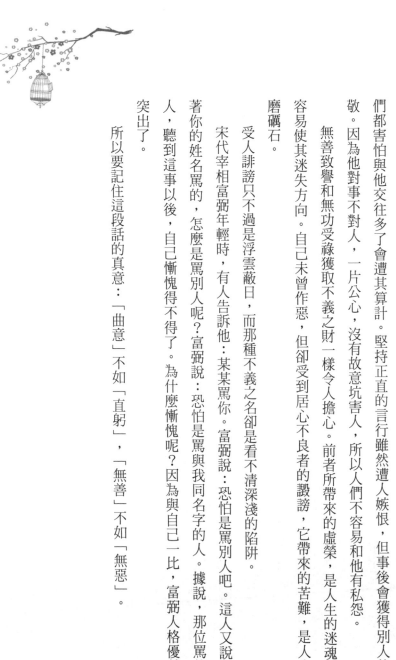

42 只有面對問題，才能解決問題

【原文】

出世之道，即在涉世中，不必絕人以逃世；了心之功，即在盡心內，不必絕欲以灰心。

【譯文】

超凡脫俗的方法，就應該在塵世中尋找，不必刻意隔絕世人遠遁山林；了悟心性的功夫，還是要用此心去體會領悟，不一定要斷絕欲念，心如死灰。

【人生感悟】

許多人認為出世之道，就是居住到深山幽谷，和世人斷絕往來，眼不見心不煩，清心寡欲，一心求道。其實是大錯的想法。

有句話自古流傳很廣，「小隱隱於野，中隱隱於市，大隱隱於朝。」意思是說：那些所謂的隱士看破紅塵隱居於山林只是形式上的「隱」而已，而真正達到物我兩忘的心境，反而能在最世俗的人世間中排除嘈雜的干擾，自得其樂，因此他們隱居於人世間才是心靈上真正的昇華所在。

有的人希望依賴周圍的環境忘卻世事，沉湎於世外桃源，這是指小隱；有能力的人卻是匿於市井之中，那裡才是藏龍臥虎之地，這是指中隱；只有頂尖的人才會隱身於朝野之中，他們雖處於喧囂的時政，卻能大智若愚、淡然處之，這才是真正的隱者。

唐朝詩人白居易還曾作了一首名為《中隱》的詩：

> 大隱住朝市，小隱入丘樊。
> 丘樊太冷落，朝市太囂喧。
> 不如作中隱，隱在留司官。
> 似出復似處，非忙亦非閒。
> 唯此中隱士，致身吉且安。

和《菜根譚》上面這段話相對照，總結其中的道理，都是要告訴我們，無論「出世之道」還是「了心之功」都要直接面對問題。出世之道要在世間尋，了心之功要在心內找，逃避是沒有用的。披上袈裟，穿上道袍，躲進深山只是一種形式，真正求佛問道，還是要心內修行，世間體驗才行。

鴕鳥是一種目光銳利、聽覺靈敏的動物，牠能覺察到10公里以外的敵人。但是，當牠遇到獵人追捕，或者看到危險降臨到頭上時，就會伸長脖子、緊貼地面，甚至把頭鑽到沙子裡去。

很顯然，這是一種典型的逃避策略，牠沒有像其他動物那樣選擇奮力抗擊，而是以自己暗褐色的羽毛偽裝成身邊的灌木叢、岩石，從而求得自保。但是這種方法並不有效，因為鴕鳥把頭埋起來以為別人看不到自己了，只是自欺欺人的做法，其實牠的身子翹起來後更加引人注目。

在日常生活中，一些人遭遇挫折和難題時，也會選擇和鴕鳥相似的做法，值得我們思考。沒有任何東西是不勞而獲的，選擇不逃避可能會使我們有所付出，但是逃避可能會得到一時的安逸，從長遠來看卻使我們失去得更多。

43 有容乃大，豁達多成

【原文】

心曠則萬鍾如瓦缶，心隘則一髮似車輪。

【譯文】

一個心胸闊達的人，即使是一萬鍾的豐厚俸祿也會看成像瓦罐那樣沒價值；一個心胸狹隘的人，即使是像髮絲一般細小的利益也會看成像車輪那麼大。

【人生感悟】

大家都知道「宰相肚裡能行船」這句話，意思就是說一個人想要做大事必須心胸開闊，一個心胸開闊的人能視黃金如糞土，一個心胸狹窄的人，會把雞毛蒜皮的小事看作天那麼大。心胸開闊的人所以能視萬鍾如瓦罐，除了必須具有豁達的人生觀外，對於金錢財物都是以義為取捨標準，所以孔子才說：「非其義也，非其道也，祿之以天下，弗顧也，繫馬千駟，弗視也。非其義也，非其道也，一介不以與人，一介不以取諸人。」

寬厚待人，容納非議，乃事業成功、家庭幸福美滿之道。事事斤斤計較、患得患失，活得也累。所以，老子說：「知常容，容乃公，公乃王。」要學會生活，學會寬容。

道家、儒家、佛家，都主張豁達、寬容。例如，有這麼一副對聯：

「大肚能容，容天下難容之事；
開口便笑，笑天下可笑之人。」

就是講度量的，人能達到能容天下萬事萬物的度量，其思想便是進入「禪」的高層境界了。度量，是對他人長處、短處和過錯的一種包容。度量大，能得人心、團結人、納眾謀，以成其強大，對創造和諧的工作環境十分有益。

豁達大度，胸懷雅量，才能包容萬物，才能以美好善良之心看待萬物。這是古今中外所有成功人士的共同特質。

一九七五年，柴契爾夫人當選為英國保守黨領袖，立即把目標對準了唐寧街十號的首相官邸。但是，剛剛過去的競選爭鬥中，柴契爾夫人與希思兩軍對壘，裂痕頗深，保守黨的內部團結受到了嚴重損害。

在英國，想當首相必須是一個政黨的黨魁，因此，黨內的奪魁爭鬥一向十分激烈。爭奪各方常常是撕破臉皮，竭盡排斥、貶低和打擊之能事。柴契爾夫人不贊成希思的政策主張，先是支持基斯·約瑟和希思競選，繼而又親自向希思挑戰，使希思感到她有意與自己作對，心中大為不快。

在競選期間，希思的人馬故意打出「我支持雜貨商，但不支持他的女兒」的口號，把柴契爾夫人的家庭身世也翻出來，作為攻擊目標。這種做法，使柴契爾夫人十分氣惱。雙方的對立情緒一度達到空前的程度。

柴契爾夫人當選後，意識到為了團結全部力量參加首相大選，必須彌合與失敗者的裂痕，加強保守黨的團結，穩定自家的後院。由於希思在黨內追隨者不少，勢力不能小覷，他又在國際上聲望較高，影響頗大，沒有他的支持與合作，要戰勝執政的工黨，有較大困難。柴契爾夫人為了獲得希思一派的支持，主動捐棄前嫌，表現出一種虛懷若谷、不念舊惡的氣量。

柴契爾夫人獲勝後的第一個行動就是拜會希思，熱情地邀請他參加其領導下的影子內閣，但被一口回絕。她沒灰心，其第二個行動是請希思手下的總督導員懷特洛出任保守黨副領袖，懷特洛接受了邀請。

由於柴契爾夫人的做法符合許多保守黨人的心願，因而得到了廣泛支持。

接著，柴契爾夫人於一九七六年10月的保守黨年會上再次主動向希思發出和解信號。她在講話中讚揚希思過去的政績，在政策主張上做了一些調整和修補，又採納了希思的一些觀點，使兩派在對內對外政策上明顯接近。在此情況下，希思也就發表了對柴契爾夫人「完全相信」支持影子內閣的內外政策聲明。至此，柴契爾夫人在黨內的領袖地位便最終確立了，為登上首相寶座奠定了必要的基礎。

那麼，如何才能擁有一顆豁達寬容之心呢？

首先，凡事不計較。不如意的事來臨時，泰然處之，不為所累；受人譏諷，不要睚眥必報；學習吃虧，便宜讓給別人；多看別人的優點，少盯著別人的缺點。

在交往過程中，人和人之間難免會有一些摩擦，正如一句話所說的那樣「勺子總會碰鍋沿，腳板總要擦地皮」，但是請記住「在這小小的天地裡，我們大家生活在一起」，既然如此，還有什麼大不了的事總是耿耿於懷呢？要知道沒有度量的人，是做不出什麼事業，成不了什麼氣候的。

其次，懂得忍耐。對他人的批評誤解，過多的爭辯和「反擊」實不足取，唯有冷靜、忍耐、諒解最重要。相信這句名言：「寬容是在荊棘叢中長出來的穀粒。」能退一步，天地自然寬。

44 認真可以，但是不能較真

【原文】

持身不可太皎潔，一切污辱垢穢，要茹納得。

與人不可太分明，一切善惡賢愚，要包容得。

【譯文】

做人不能太清高，所有污濁、屈辱、醜惡的東西都要能夠容忍接受；與人相處不能太過計較，對於善良的、邪惡的、智慧的、愚蠢的人都要能夠理解包容。

【人生感悟】

在社會裡打拚，必然要和各種各樣的人打交道，一樣米養百樣人，世界上沒有兩個完全一樣的人。在人性的叢林裡行走，就必須學會適應這個生存環境。

古人說：「泰山不讓土壤，故能成其大；河海不擇細流，故能就其深；王者不卻眾庶，故能明其德。」這就說明了「清濁並包，善惡相容」的道理。在生活中，每個人都有自己的特點，每個人看問題都有片面性，任何事情都沒有絕對的正誤之分。所以，做人不能太較真。事事太較真，認死理，就會陷入狹隘的境地。

有道是「水至清則無魚，人至察則無徒」，太認真了，就會對什麼都看不慣，連一個朋友都容不下，把自己和社會隔絕開。

有這樣一個故事，孔子東遊列國，有一天看到兩個獵人在指手畫腳，好像為了一件事而爭論得面紅耳赤，口沫橫飛。

孔子上前詢問他們在爭論什麼，原來為了一道算術題。矮個兒說三八二十四，高個兒說三八二十三，各持己見，爭論不休，以至於幾乎動起手來。最後二人打賭，誰的答案正確，對方就將一天的獵物送給他。二人請孔子裁定。孔子竟然叫矮個兒獵人將獵物給高個兒獵人。高個兒拿著獵物走了。矮個兒不解，氣憤地說道：「三八二十四，這是連小孩都不爭論的真理，你是聖人，卻認為三八等於二十三，看樣子你也只是徒有虛名啊！」

孔子笑道：「你說得沒錯，自己堅持真理就行了，幹嘛要與一個根本就不值得認真對待的人討論這種不用討論也再明顯不過的問題呢？」

矮個兒獵人似有所悟，孔子拍拍他的肩膀說：「那個人雖然得到了你的獵物，但他卻會一生糊塗；你失去了獵物，但得到了深刻的教訓！」

矮個兒獵人聽了孔聖人的話點了點頭。

包容是一種本領，很多時候，我們不妨睜一隻眼閉一隻眼做人。

鏡子很平，但在高倍放大鏡下，就成凹凸不平的「山巒」；肉眼看很乾淨的東西，拿到顯微鏡下，滿目都是細菌。試想，如果我們「戴」著放大鏡、顯微鏡生活，恐怕連飯都不敢吃了。再用放大鏡去看別人的毛病，恐怕很多人罪不容誅、無可救藥了。

所以，在處理與周圍人的關係時，要互相諒解，求大同，存小異，有度量，能容人。這樣你就會有許多朋友，且左右逢源，諸事遂願；相反，「明察秋毫」，眼裡容不得半粒沙子，過分挑剔，什麼雞毛蒜皮的小事都要論個是非曲直，有理不饒

人，無理攪三分，久而久之，別人會躲你遠遠的，最後，怕是只能關起門來「稱孤道寡」，成為人人避之的異己之徒。

為人處世要有胸懷，豁達而不拘小節，大處著眼就不會目光如豆、斤斤計較，糾纏於非原則性的瑣事。但，要真能做到這一點並非易事，不僅需要有良好的修養，而且需要有善解人意的思維方法，懂得換位思考，從對方的角度設身處地地考慮和處理問題。多一些體諒和理解，就會多一些寬容，多一些和諧，多一些友誼。比如，有些人一旦做了官，便容不得下屬出半點毛病，動輒捶胸頓足，橫眉豎目，屬下畏之如虎，時間久了，必積怨成仇。想一想天下的事並不是你一人所能包攬的，何必因一點點毛病便與人生氣呢？倘若能調換一下位置，挨訓的人也許就理解了上司的急躁情緒。

二〇〇六年的情人節，有一對夫婦被美國有線電視網CNN隆重報導，他們是102歲的丈夫蘭迪斯和101歲的妻子格溫。

這一天，他們之所以成了美國的新聞人物，是因為在離婚率不斷攀升的美國，他們創造了一項紀錄——婚姻維持了78年。很多年輕人希望聽聽他們的幸福箴言，他們說：「在家裡，沒有什麼值得計較的，或者說，家人之間沒有道理可講；該閉嘴的時候閉上嘴就可以了，瞧，78年就這樣過來了！」

家庭成員之間哪有什麼原則、立場的大是大非問題，都是一家人，非要用「階級鬥爭」的眼光看問題，分出個對和錯來，又有什麼用呢？

人們在社會上充當著各種各樣的規範化角色，公務員、商人、工人、職員，但一回到家裡，除去西裝革履的同時也脫掉了你所扮演的這一角色的「行頭」，即脫離了社會對這一角色的種種要求、束縛，還原了你的本來面目，使你盡可能地享受天倫之樂。倘若在家裡還要和在社會上一樣認真、一樣循規蹈矩，每說一句話、做一件事還要考慮對錯、妥否，顧忌影響、後果，掂量再三，那不僅可笑，也太累了。

不僅居家如此，工作中與同事相處也不應該太較真。假如對方胡攪蠻纏、蠻不講理，一較真就等於把自己降低到對方的水準，很沒面子。另外，對方的觸犯從某種程度上是發洩和轉嫁痛苦，雖說我們沒有分攤他人痛苦的義務，但客觀上確實幫助了他，無形之中做了件善事。這樣一想，也就沒什麼不能原諒了。

45 一念錯，萬事錯

【原文】

一念錯，便覺百行皆非。防之當如渡海浮囊，勿容一針之罅漏。

【譯文】

一念之差，便會覺得行事百端皆為錯。提防它好像漂渡江海的皮筏一樣，不能容許針眼大小的縫隙漏泄。

【人生感悟】

「天下大事必作於細，天下難事必作於易。」這是中國道家創始人老子的名言。意思是做大事必須從小事開始，天下的難事必定從容易的做起。

很多時候，一件看起來微不足道的小事，或者一個毫不起眼的變化，能帶來一件事的巨大變化，比如一場戰爭的勝負。「防之當如渡海浮囊，勿容一針之罅漏。」這就要求每一位軍官和士兵始終保持高度的注意力和責任心，始終具有清醒的頭腦和敏銳的判斷力，能夠對戰場上出現的每一個變化、每一件小事迅速做出準確的反應和決斷。

楚懷王曾與項羽、劉邦約定，先入關者為王。結果劉邦的十萬軍隊首先攻入咸陽，推翻了秦朝，屯駐在霸上。項羽率領四十萬大軍晚到了一步，駐紮在新豐、鴻門。項羽的謀士范增說：「從劉邦入關後的情況來看，他的志向不小。將來能夠與大王爭天下的必是他，不如趁現在羽翼未豐的時候把他除掉，以免將來後患無窮。」項羽同意設鴻門宴處死劉邦。但是在鴻門宴上劉邦一再稱頌恭維項羽，項羽竟非常得意，起了仁義之心，忽然改變主意使劉邦得以脫身。

項羽這一念之差，使得劉邦東山再起，迅速壯大，最後在垓下之戰，逼得項羽烏江自刎，丟了性命，丟了江山。

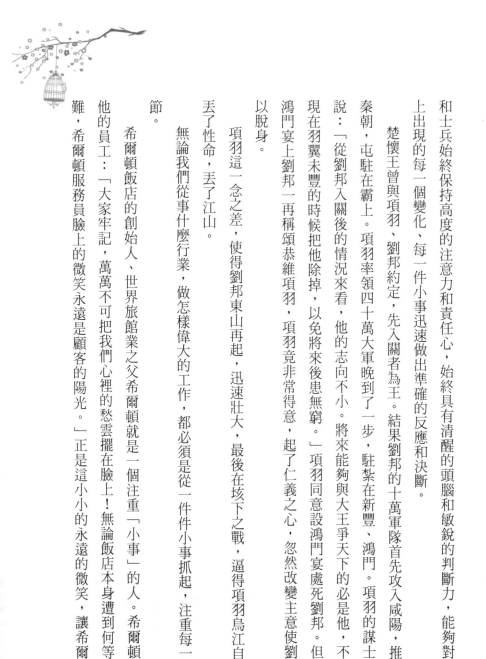

無論我們從事什麼行業，做怎樣偉大的工作，都必須是從一件件小事抓起，注重每一個細節。

希爾頓飯店的創始人、世界旅館業之父希爾頓就是一個注重「小事」的人。希爾頓要求他的員工：「大家牢記，萬萬不可把我們心裡的愁雲擺在臉上！無論飯店本身遭到何等的困難，希爾頓服務員臉上的微笑永遠是顧客的陽光。」正是這小小的永遠的微笑，讓希爾頓飯店的身影遍佈世界各地。

海爾總裁張瑞敏說：「把每一件簡單的事做好就是不簡單，把每一件平凡的事做好就是不平凡！」一個企業往往每天需要做的事，就是每天重複著所謂平凡的小事。一個企業有了宏偉、英明的戰略，沒有嚴格、認真的細節執行，再英明的決策，也是難以成為現實的。

「泰山不讓土壤，故能成其大；河海不擇細流，故能就其深。」所以，大禮不辭小讓，細節決定成敗。

46 不要追求完美

【原文】

敧器以滿覆，撲滿以空全；
故君子寧居無不居有，寧處缺不處完。

【譯文】

敧（ㄐㄧ）器因為裝滿了水才傾覆，撲滿因空無一物才得以保全。所以品德高尚的君子，寧願處於無爭無為的地位，也不要站在有爭有奪的場所，日常生活寧可感到缺欠一些，也不要過分美滿。

【人生感悟】

世界上根本就不存在完美和圓滿，過於追求它，就會讓自己的人生奔波勞碌，最終的結果卻是一無所獲。

功課非得第一，衣服首飾非得是最流行的，工作也非得最高薪且輕鬆的……

也許有人認為完美主義是值得稱道的。但其實是他們把完美主義與奮發進取、精益求精相混淆了。

完美主義者與其說是追求成功的完美，倒不如說是害怕缺點和失敗。他們把完美看成衡量成功的標準，因而對自己吹毛求疵，卻忽視了自己的優點和進步。久而久之，就會使自己陷入一個痛苦的怪圈：追求完美，卻總是發現自己缺點太多；企求成功，卻總感到一事無成。為了追求這所謂的完美境地，便陷入了不斷修整的漩渦裡，永遠都游不上岸。

其實，不論在生活還是工作中，肯定會有人不贊成你做的事情，也同樣會有人對你發表的意見持否定態度。也就是說，你絕不可能讓所有人滿意。與其越做越糟，不如灑脫地放棄。只有承認軟弱，才可能變得堅強；只有面對人生的不完美，才能創造完美的人生。

有一個人非常熱衷於登山，他有幸加入了攀登珠穆朗瑪峰的活動。到了七千八百米的高度時，他支撐不住停了下來。當他後來講起這段經歷時，大家都替他惋惜：為什麼不再堅持一下呢？再往上攀一點點，就能爬到頂峰了！

「不，我最清楚，七千八百米是我登山生涯的極限，我不會為此感到遺憾的。」他很平淡地說。

這個人是明智的。他瞭解自己的能力，沒有為了追求完美而勉強自己，所以能夠平安歸來。而那些追求完美的人，往往都在還沒有衡量清楚自己的能力、興趣之前，便一頭栽在一個過於高遠的目標裡，每天受著辛苦和疲憊的折磨。他們希望獲得他人的掌聲和讚美，博得別人的羨慕，為此，便將自己推向完美的邊界，做什麼事都要盡善盡美。久而久之，生活便成了負擔，工作當然也毫無意義可言。

「金無足赤，人無完人」，我們都應該意識到自己的不完美。全世界最出色的足球選手，10次傳球，也有4次失誤；最棒的股票投資專家，也有馬失前蹄的時候。既然連最優秀的人做自己最擅長的工作都不能盡善盡美，那麼一個普通的人有失誤又有什麼不能原諒的呢？

只要你知道這世界上沒有什麼會達到「完美」的境地，你就不必設定荒謬的完美標準來為難自己。你只要盡自己最大的努力去做好每件事，就已經是很大的成功了。

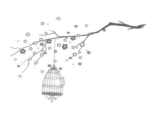

47 防患於未然是最高明的方法

【原文】

無事常如有事時，提防才可以彌意外之變；有事常如無事時，鎮定方可以消局中之危。

【譯文】

沒有問題的時候要像有問題的時候一樣謹慎，有所防範才能減少意外事情的發生。出現問題的時候要像沒有問題時一樣鎮靜，從容不迫才能去除危機。

【人生感悟】

古人對於預見和防範事情的發生，有很多與《菜根譚》上面這段話相似的論述。如有庭訓云：「凡人於無事之時，常如有事而防範其未然，則自然事不生。若有事之時，卻如無事，以定其慮，則其事亦自然消失矣。」清代著名中醫聶繼模也曾在家書中告誡當縣令的兒子：

「須時時將此心提醒激發，無事尋出有事、有事終歸無事。」這些話雖然出處不同，但字裡行間流露的防範意識卻如出一轍。《道德經》中有言「其未兆易謀」，什麼意思呢？就是事物沒有徵兆則容易圖謀。

我們都有這樣的經驗：任何事情，在穩定的時候都比較容易維持；事情還沒有出現變化的跡象時，容易謀劃；在脆弱的時候容易分解；在微小的時候容易消除。所以，要使事情保持穩定，少出問題，就要在事情還沒有發生變化時就把它做好，要在動亂還沒有發生時就把它治理好。這就是我們常說的要見微而知著，要善於發現問題的先兆，把問題和動亂解決在萌芽狀態。

「無事常如有事時提防」，其核心就在於「提防」二字。東漢荀悅《中鑑．雜言》中有這樣一段話：「進忠有三術：一曰防，二曰救，三曰戒。先其未然為之防，發而止之為之救，行而責之為之戒。防為上，救次之，戒為下。」這句話同樣對我們有教育意義。

古往今來，凡事都強調要防患於未然，道理是不言而喻的，只是不同行業有不同的特點和要求罷了。「雙手緊握方向盤，時時刻刻想安全」，說的是司機的防範意識；「不管醫術有多高，想好安全再動刀」說的是醫生的防範意識；「提高警惕，常備不懈」，這是軍隊的防範意識。我們每個人都要有自己的防範意識。

「有事常如無事時鎮定」，這既是一個人經驗和能力的綜合反映，又是良好心理素質的外在表現。所謂大將風度，正是經驗的長期累積，修養的不斷昇華，絕不是一朝一夕所能成就的。

「鎮定」是一種境界。只有平時苦練基本功，注重量的累積，不斷做好「提防」的各項工作，才能真正做到有備無患。

「鎮定」是一種力量。臨危不驚，忙而不亂，臨機處理正確，「有事」會變成「無事」；相反，遇事亂了方寸，慌了手腳，不知所措，「無事」也會滋生出「有事」。

48 人生最難得是善終

【原文】

聲妓晚景從良，一世之胭花無礙；貞婦白頭失守，半生之清苦俱非。語云：「看人只看後半截。」真名言也。

【譯文】

歌妓、舞女、酒女等風塵女子，雖然半生以賣身賣笑為業，但是如果到了晚年能嫁人，當一名良家妻子，那麼她以前放蕩淫浪的生活，並不會對後來的正常生活構成妨害；可是一個一生都堅守貞操的節烈婦女，假如到了晚年由於耐不住空閨寂寞而失身的話，那她半生守寡所吃的苦就都付諸東流。

俗諺說：「要評定一個人的功過得失，必須看他後半生的晚節。」這是一句至理名言。

【人生感悟】

有一句英國諺語說：「誰笑到最後誰笑得最好。」就是指在做事上，不但要有一個很好的開頭，還要有一個令人滿意的結尾，不能給人留下一種有始無終、只重開始不管結果的印象。

許多起初可以兩肋插刀的朋友，最後卻反目成仇；許多起初愛得死去活來的情人，最後形同陌路。有的人年輕時是十分勇敢進取的，到老來卻成了歷史的絆腳石……諸如此類善始不能善終之事不勝枚舉。

中國從古至今沒有笑到最後的名人很多。現代文學史上的周作人，現在很多人對他十分陌生，有的根本就沒有聽說過他的名字，但他卻是五四時期的風雲人物，是中國新文學在理論和創作上的開路先鋒之一。早年與兄長魯迅一起，討伐獨裁，嚮往民主，中年以後卻銳氣消沉，最後由頹廢走向墮落——在抗日戰爭中當了漢奸。大節一虧，前功盡棄，人既已被社會所不齒，自然也不會被人珍視。周作人可謂是學貫中西，淵博儒雅，最後的結局叫人痛心。

感情也是如此，人往往喜新厭舊，「這山望著那山高，不知哪山有柴燒。」很多男人熱戀時甜言蜜語獻殷勤，無所不用其極，一旦結了婚便失去了新鮮感、神秘感，一朝變而冷若冰霜，面目猙獰，動輒打罵，再也找不到婚前的如膠似漆、溫情脈脈了。雙方感情都不能慎終如始、始終如一，都發現對方變成了另一個極為討厭的人，因而都把目光轉向新的獵取目標，相去日遠，最終分手。當今時代，物欲橫流，世風日下，離婚率一天比一天升高，都是由於人心日漸浮躁了，感情上不能始終如一。

就常情而言，年輕時期屬於創業階段，一般人都能夾著尾巴做人。進入老年以後有的理想變成了現實，就容易毫無顧忌地放縱自己；即使那些壯志未酬的失敗者也覺得無所追求了，任其敗壞。

所以，事情越是到了最後關頭，人越是到了功成名就的時候，就越是要謹慎小心，不要「一著不慎，滿盤皆輸」。

49 親與疏，只在於心與心的距離

【原文】

父慈子孝，兄友弟恭，縱做到極處，俱是合當如是，著不得一毫感激的念頭。如施者任德，受者懷恩，便是路人，便成市道矣。

【譯文】

父母對子女慈愛，子女們對父母孝順，兄長對弟妹們友愛，弟妹們對兄長敬重，即使是用了全部愛心做到了最完美的境界，也都是理所當然的，彼此間不須存有一絲感激的念頭。如果施恩的人自以為是恩人，接受的人抱著感恩圖報的想法，那麼就是將至親骨肉之間的關係當作了陌路人來看待，真誠的骨肉之情就會變成一種市井交易了。

【人生感悟】

中國文化其實是「家文化」。比如說企業家、文學家、軍事家等等，都脫離不開一個

「家」字。有家就有親情、友情、愛情。在友情、愛情和親情三種情感之間，人們可能最容易忽視親情，因為友情和愛情需要小心謹慎呵護，需要縫縫補補才能維持下去，然而，親情就在身邊，因此我們理所當然地認為它不會走遠。

「百善孝為先」稱孝道為性善之首；「父母在，不遠遊」，告誡人們時時不忘回報父母的哺育之恩；對兄弟姐妹之間的親情，中國人自古主張兄友弟敬，情同手足。孔子教導他的學生們說：「弟子入則孝，出則弟，謹而信，泛愛眾，而親仁，行有餘力，則以學文」（《學而篇第六》）。由此看出，孔子是非常強調悌的，把悌與孝並列。《學而篇第二》中講，「孝弟也者，其為人之本與！」至於姊妹之間的關係，同樣如此。

兄弟姐妹關係是由血緣關係為紐帶聯繫起來的親密關係，他們同吃一鍋飯，同在一個家裡長大，一起生活、學習和遊戲，建立了深厚的感情。彼此之間朝夕相處，你幫我扶，相互照應，相互瞭解，相互信任。在危難之時，大家有難同當，同舟共濟。這就是親情，這就是人生的快樂。

漢代使者張騫，曾經兩次出使西域，帶來了今天我們能吃到的核桃、葡萄、大蒜、胡蘿蔔，譜寫了中西方交往的一段佳話。在他第一次出使西域離鄉背井的13年中，時間和距離並沒有成為他動搖信念的理由；相反，對家鄉故土和親人的思念使他完成使命的意志更加堅強。

想像一下，人生沒有親情是多麼孤單、無助；兄弟姐妹之間沒有親情是多麼遺憾！親情是維繫兄弟姐妹關係的基礎，有親情就有牽掛，親情會讓你充滿快樂。

天荒地老，親情不老。淡與濃，親與疏，快樂與否，只在於親人心與心的距離。

如果對「父慈子孝，兄友弟恭」抱有功利性的想法，重要的不是親情，而只是希望能夠得到對方的回報，那麼就是將至親骨肉之間的關係當作了陌路人來看待，真誠的骨肉之情就會變成一種市井交易了，也就少了很多的人情味。

50 讀書人要過三道關口

【原文】

學者要收拾精神並歸一路；

如修德而留意於事功名譽，必無實詣；

讀書而寄興於吟詠風雅，定不深心。

【譯文】

求學問一定要除掉雜念，集中精力專心致志從事研究；如果立志修養品德卻又流於功名利祿，必然不會有什麼高境界的真實造詣；如果讀書只是在吟詠詩詞方面感興趣，那一定會顯得膚淺而沒有什麼心得。

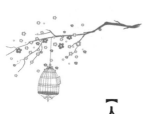

【人生感悟】

歷來真正有學問的人都提倡讀大書，主張讀書要擺脫功利的實用主義，把讀書看成是修身之必需，這樣讀書才能讀出味道，讀書才能不浮躁，靜下心來，持之以恆。這樣的讀書才會讀出成就，讀出思想，讀出創造。

讀書人有三大關：

一曰：靜心關

有這樣一個故事：

有兩個學生拜弈秋為師學習下棋。其中一個學生每次聽課都全神貫注，一心一意地聽弈秋講解棋道；而另一個學生雖然很聰明，但上課時總是心不在焉，而且他今天想學下棋，明天又想學畫畫，不時地有新想法冒出來。一次上課時，有一群天鵝從他們頭上飛過，那個專心的學生連頭都沒有抬一下，渾然不覺。而心不在焉的學生雖然看起來也像是在那裡聽，但心裡卻想著拿了箭去射天鵝，而且想著有一天要做一名出色的弓箭手。

若干年後，那位專心致志的學生成了一名出色的棋手，而另一位卻一事無成。

二曰：名利關

讀書人無權無錢求什麼？求名——名垂青史，名譽傳世。為了求名就要急功近利，為了擴大名聲，就要包裝自己，於是凡約稿必應，有出名機會必爭。結果安靜的書桌不再安靜，人漸漸空得只有一個虛名，什麼都沒有。

名如同權、錢、色一樣，是一件極誘惑人的事。《儒林外史》中的范進，考了一輩子科舉，50多歲才中舉，好事來得太遲了，一旦到來，他失去了控制，被身為屠戶的岳父打了兩耳光才清醒過來。讀書做官，功與名相連，人們求官的同時亦求名。

在古代也有不求官的，但名聲很大，這是不少讀書人所羨慕的。現代社會所謂的「包裝」，不過是一種追逐名利，擴大名聲的辦法。

不可否認，讀書有功用的一面，如學技術書籍可以獲得某種技能，但我們認為讀書在陶冶人的情操方面有著重要的作用。在古時有識之人並不把讀書作為升官的階梯，而主要作為修身明己的方法。今天的人讀書，多數從實用出發，什麼熱門學什麼，什麼有用讀什麼，忽略了讀書最主要的功用——修身養性，真可謂是捨本逐末。

三曰：附庸風雅關

讀書，如果只停留在「解說文義」的表面是遠遠不夠的，那是不求甚解乃至生吞活剝的讀法。真正讀書，理應做到潛心探求其深刻內蘊，即所謂「虛心涵泳」，並且設身處地地去體驗一番——即所謂「切己體察」，才能日見成效。

現在很多人讀書只是為了消遣，或者是為了裝飾，湊熱鬧，以顯示自己的修養，這樣的人讀書就離開了大道。

51 少事是福，多心是禍

【原文】

福莫福於少事，禍莫禍於多心。

惟苦事者，方知少事之為福；

惟平心者，始知多心之為禍。

【譯文】

一個人的幸福莫過於無事牽掛，一個人的災禍沒有比疑神疑鬼更可怕了。

只有那些整天忙忙碌碌的人，才知道沒有事是最大的幸福；

只有那些經常心如止水的人，才知道多心病是最大的災禍。

【人生感悟】

俗話說「好事不如無」，但是唯有經歷過千辛萬苦的人，才知道事情越少，是非的發生越少，也就越平靜安寧，越有幸福。只有心平氣和的人，心如止水，才不會引起什麼災禍。如今缺錢的起早貪黑忙生計，有錢的日理萬機忙生意。一個字「忙」，道不盡幾多身累心累、幾多身苦心苦。無事清閒，真是成了終日奔波勞碌者奢求的幸福。

與人交往莫要多心成疑，英國著名思想家培根在《論猜疑》一文中說道：「猜疑使人精神迷惘，疏遠朋友，而且也擾亂事務，使之不能順利有恆。」

莎士比亞是歐洲文藝復興時期英國最偉大的劇作家和卓越的人文主義思想的代表。在他的名著《奧賽羅》中，敘述了一個因猜疑而釀成的悲劇。

有一個國王，他的女兒苔絲德蒙娜非常漂亮。國王和王后都希望自己的女兒嫁給一個門當戶對的王子，但苔絲德蒙娜衝破家庭和社會的阻力，和奧賽羅這樣一個出身卑賤、膚色黝黑的將軍結了婚。他們婚後的生活十分美滿。然而，奧賽羅部下的一個軍官尼亞古出於卑鄙自私的目的，編造謠言，製造陷阱，挑撥他們的夫妻關係，使奧賽羅對忠誠純

潔的妻子產生了猜疑之心。在一個漆黑的夜晚，奧賽羅竟用被子將苔絲德蒙娜活活悶死了。後來，奧賽羅知道了事情的真相，追悔莫及，自刎於妻子的腳下。

猜疑之火往往使人失去理智、釀成惡果。因此，工作中，同事之間要相互信任，信任同伴的能力，信任同伴的為人，這樣，就能建立一個和諧、高效的工作氛圍；生活中，夫妻雙方要做到忠貞專一，共同對家庭負責，彼此忠誠，這樣，不管什麼樣的風浪，愛的小巢也會堅如磐石，安然無恙，永保愛情的青春。

52 仗義疏財，財愈積聚

【原文】

讀書不見聖賢，如鉛槧庸；
居官不愛子民，如衣冠盜；
講學不尚躬行，如口頭禪；
立業不思種德，如眼前花。

【譯文】

研讀詩書不能見到聖德賢才，猶如一個書寫文字的匠人；
身居官職不能愛護黎民百姓，猶如一個穿衣戴冠的強盜；
講習學問不能崇尚身體力行，猶如一個口頭念經的和尚；
創立事業不能思考累積功德，猶如一朵瞬即凋謝的花朵。

【人生感悟】

讀書、做官、講學、立業絕不是做表面功夫，各有自己的核心，總結起來就是：經世致用，德字為先。沒有德，多大的學問，多高的官位，多耀眼的財富，都如眼前花。古人勸誡我們事業成功之後要存慈善之心，做揚善之事。因為「慈能致福」。

范蠡是越王勾踐的謀士，知識淵博，精通兵法，與孫子、張良齊名。他與當時另一位赫赫有名的文種是輔佐越王勾踐成為「春秋霸王」的兩個關鍵人物。

在范蠡的一生中，他曾經「三擲千金」——三次散盡家財，又三次重新發家。

勾踐稱霸中原後，封范蠡為大將軍，但范蠡居安思危，視權勢為禍害，況且他知道越王勾踐為人心胸褊狹，「只可與之共患難，不可與之共安樂」，便堅決辭官不做，於是攜帶珍珠寶玉，其他的散發給當地的老百姓，和家人並攜上西施，駕一葉扁舟，泛舟過海來到齊國，自稱鴟夷子皮，在海邊耕作，從事商貿。

由於范蠡經營得法，沒過多久，財產已經無法計數。齊國人都知道他的賢能，便要請他做丞相。范蠡不肯，散盡財產，悄悄離去，來到陶地安居。

陶地是天下的交通中心，貿易重地。范蠡善於等待時機，賤買貴賣，每次只追求微薄的利潤。沒有多久，財產又累計達到百萬，富可敵國。這時候，范蠡又一次把自己的財產分給當地的百姓，自己只保留少量的店鋪繼續做生意。

後來，范蠡將生意交給兒子，自己每天與西施泛舟五湖，盡享人間之福。這樣的美滿收場，不就是因為范蠡有「立業而思重德」的先見之明嗎？

范蠡對錢財的看法，是生不帶來，死不帶去，乃身外之物也。一個人錢再多也只能跟其他人一樣消受一點，大部分都積攢在寶庫裡，永遠只是財富的象徵而已，並不能給人帶來幸福。

人生在世，活得瀟灑快樂才是最重要的。商人們為自己錢途奔波，不辭勞苦不也是為了這個目的嗎？人一輩子，只需要那麼一部分錢，多出的其實並不能給自己帶來多少幸福，那麼這麼多錢怎麼處置呢？藏在金庫裡，成色再好的金子也不會發光！金錢不用它就是紙張而已！把這些錢用到它該用的地方去，發揮它的效用，才對得起其價值。

立業思德，短線是安人，長線是安前程，最重要的還是安己！所有的一切，還是求得一個心安理得！故立業要思重德，安人即安己，安己亦安前程。

53 好處宜自淡而濃

【原文】

恩宜自淡而濃，先濃後淡者，人忘其惠；威自嚴而寬，先寬容後嚴者，人怨其酷。

【譯文】

施人恩惠要先從淡薄逐漸濃厚，假如先濃厚後淡薄，就容易使人忘懷這種恩惠；樹立威信要先從嚴而逐漸變寬，假如先寬後嚴厲，那部屬就會怨恨你冷酷無情。

【人生感悟】

《道德經》有言：「將欲歙之，必故張之；將欲弱之，必故強之；將欲廢之，必故興之；將欲取之，必故與之。」無論社會怎樣發展，利益關係都是人際關係中的重要部分。我們都不是聖人，不可能無欲無求。正因為這樣，給人好處就成為人際交往中一種很重要的策略和手段，是開發利用人際關係資源最為穩妥的靈驗功夫。

但我們必須注意，在給人好處時要「自淡而濃」。也就是說，在給人好處的時候，要一點一點給他，由少到多。如果一開始給得多，最後給得少，對方就會忘掉你前面給他的好處，甚至為你給得少了而生氣。所謂斗米養恩，石米養仇，就是這個道理。

從前，有一個心地非常善良的人，為了救濟一個因跛腳而沒飯吃的人，每天親自給他送飯。第一天，跛腳人見到這麼好心的人和這麼可口的飯菜非常感激，不禁淚流滿面。

送飯的好心人也非常高興，周圍的人也都對他豎起了大拇指。就這樣，好心人連續送了29天的飯，到了第30天的時候，他的老婆病了，忘了送飯。結果，那個跛腳的人非常生氣，一副暴跳如雷的樣子說：「什麼時候了，還不給我送飯？想餓死我嗎？什麼大善人，我看根本就是個大騙子。」

開始即使再好，如果最後出了差錯，你在對方心中的印象就會大打折扣。故事提醒我們，在施恩的時候，要自淡而濃，適可而止，循序漸進，如果一開始就施恩無度，先多後少，一旦把人們的胃口養大後，就會把先前的恩惠忘得一乾二淨。

現實生活中，由於不明白這個道理而導致親情、友情逐漸淡遠的情況並不少見。

樹立威信也是一門高超的藝術，需要講究策略，要掌握人們的心理。要想提高自己的威望，就必須寬嚴適度，注重先後，自嚴而寬，否則，就容易使他人埋怨你冷酷無情。威信自然無法樹立。這一點我們在現實生活中隨處都能得到印證。

為人父母者在教育自己的孩子時都會有這樣的經歷和體會：一般來說，如果從小縱容、寵愛孩子，一旦孩子養成了不良習慣，長大以後再矯正是很費勁的。如果對孩子從小就嚴格要求，比較容易使孩子養成良好的習慣。

樹立威信只能先嚴後寬，絕對不能先寬後嚴。先嚴後寬，利用一開始互不瞭解的機會，誰都不敢輕舉妄動。這時嚴格要求，殺一儆百，威懾作用就大。如果先寬，大家認為這是個老好人，犯了錯也不會有太大的問題，就會放鬆對自己的警惕和要求。當發現問題時，習慣已經形成，難以改變。

54 未雨綢繆，有備無患

【原文】

閒中不放過，忙處有受用；
靜中不落空，動處有受用；
暗中不欺隱，明處有受用。

【譯文】

在閒暇的時候珍惜寶貴時光，最好利用這段時間為以後的事情做些準備，繁忙的時候就能夠得到受用；

在平靜的時候不要流於枯寂，等到艱巨工作一旦到來就會有受用不盡之感；

當你獨自在人家看不見的地方，也能保持光明磊落的胸懷，在眾人面前你就能心安理得地受到尊敬。

【人生感悟】

《書經》有云：「居安思危，思則有備，有備無患。」《漢書．息夫躬傳》有言：「天下雖安，忘戰必危。」晴帶雨傘，飽帶乾糧，這些話的核心思想就是：未雨綢繆。由此可見，做人應居安思危，勤儉為尚。處乎其安，不忘乎其危。少一些安樂，多一份憂患。當事業高歌猛進時，保守穩重，處進思退；當事業陷入危機與低谷時，告誡自己不要消沉下去，積極進取，爭取再創輝煌。

安而不可忘危的道理對經商來說非常重要。在困境裡，很多人往往能刻苦奮進；而當步入佳境、事業順利、百事亨通時，反而忘乎所以。原因就在於，面對前者創業者能兢兢業業，小心翼翼；對待後者，往往放鬆警惕，造成失誤，導致失敗。

美國的吉列公司是以生產刮鬍刀而聞名世界的企業。可是因為沒有居安思危，高瞻遠矚，在公司發展的歷史上曾受到沉重的打擊。

一九六一年，刮鬍刀的製造工藝領域內出現了一場具有劃時代意義的革命——英國的威克遜公司在世界上第一次採用不鏽鋼材料製造刮鬍刀片獲得成功，推出了人類有史以來第一把不鏽鋼刮鬍刀片。不鏽鋼刀片的異軍突起，給吉列拉響了警報。顯然，不鏽鋼刀片市場佔有率的繼續擴大，嚴重影響了吉列的市場地位。

此時，吉列公司要嘛立即推出自己的不鏽鋼刀片，這樣可以滿足吉列已有的廣大市場，並且不需要用太多的促銷費用，但這樣做，將會對原有產品「超級藍光」的市場造成強烈衝擊，甚至放棄「超級藍光」，因而需要很大的決心和勇氣。

吉列的決策者們經過分析，錯誤地認為自己在刀片市場的地位不會被動搖。於是，他們不理睬不鏽鋼刀片，全力鞏固自己「超級藍光」的市場地位。

後來的事實證明，這是一個極端錯誤的決策。在吉列的決策做出後不久，事態的發展便急轉直下，令吉列的決策者們瞠目結舌。不鏽鋼刀片在市場上的銷售勢頭空前兇猛。完全剃刀公司和精銳公司充分利用吉列無動於衷的大好時機，投入巨額促銷費用，大力宣傳不鏽鋼刀片的經久耐用，物美價廉，使不鏽鋼刀片的銷售不斷升溫。

在強大的促銷攻勢下，吉列的新老顧客紛紛叛離，投入了不鏽鋼刀片的懷抱。吉列的「超級藍光」碳鋼刀片的銷售量急劇減少，市場佔有率降至吉列有史以來的最低點。

如今，40餘年過去了。在這期間，世界刮鬍刀片市場上龍爭虎鬥，幾經沉浮，雖然吉列還是牢牢佔據了市場的霸主地位，但那次大傷元氣的痛苦教訓是深刻的。

任何一次失敗，對於一個人都有可能是致命的。尤其對於普通人而言，也許一次失敗後幾年都爬不起來。

因此，「閒中不放過」，「靜中不落空」，「暗中不欺隱」，是一個人成功的重要條件。對於我們每個人來說，既要享受成功的喜悅，又不能沉溺於成就感裡而忘乎所以，既要懂得居安思危，又要不忘奮發進取。唯有這樣，才能笑得放心，才能笑到最後。

55 沒有誰的話是百分之百正確

【原文】

毋偏信而為奸所欺，毋自任而為氣所使；

毋以己之長而形人之短，毋因己之拙而忌人之能。

【譯文】

一個人不要誤信他人的片面之詞，以免被一些奸詐之徒所欺騙；也不要過分信任自己的才幹，以免受到一時之氣的驅使；

更不要以自己的長處去宣揚人家的短處，尤其不要由於自己笨拙就嫉妒他人的聰明。

【人生感悟】

一個人，如果偏聽偏信，意氣用事，就會被小人利用。

三國時期，魏、蜀、吳之間連年征戰，政治上和軍事上都展開了激烈的爭鬥。諸葛亮輔佐蜀國劉備，而諸葛亮的哥哥諸葛瑾則受到孫權禮遇，擔任要職，結果引起江東人士的嫉妒，更有人背後說他明保孫吳，暗通劉備。

東吳有一名大將，名叫陸遜，是個明白人。他看到滿城風雨，立刻上書孫權，說諸葛瑾是一個心胸坦蕩的忠臣。孫權聽了非常高興：「我知道你和諸葛瑾是好朋友，你能夠不聽信讒言為他保薦，實在難得啊。我也知道諸葛瑾對我一片真心。我很高興，希望你們共同輔佐我，以圖大業。」

陸遜沒有聽信讒言，顯示了朋友的真知灼見；孫權沒有聽信讒言，留下了人才，顯示了一位君主的知人善任，的確難能可貴。

通常情況下，讒言乃是心術不正者誹謗和離間他人的工具，它會讓無辜者身心疲憊、如負千鈞，影響團結，惡化友誼。我們要保持足夠的警惕，不被眼前的假象迷惑，不被他人的讒言誤導。

據沈括《夢溪筆談》記載：

唐明皇於病時夢見一大鬼捉一小鬼正吃之。唐明皇上前問他姓名身世，那大鬼答曰：名叫鍾馗，生前曾應試舉，因奸臣從中作祟未中，並被害，因此決心死後消滅天下妖孽，剷除世間不平事。

唐明皇醒後，遂命當朝畫工吳道子將鍾馗繪成圖像，掛在寢宮。後來，民間端午節和除夕等日子多懸掛鍾馗像於家門，用來打鬼和驅除邪魔，鍾馗遂成了中國普通百姓心中的正義之神。

借鍾馗打鬼，其核心思想是一個「借」字，喻指借別人的力量辦自己之事，但目的並不在於打鬼。在歷史上，一些奸佞小人，為了自己的高官厚祿，也常常假借皇權的名義或力量結黨營私，消滅異己，陷害忠良，幹盡壞事。

在工作中，尤其是在處理人事問題時，切不可偏聽偏信，借威於小人，壞了風氣，擾亂秩序。

為人處世要能從自己身邊人的言行舉動中，辨識出忠奸。否則，被假象所迷惑，良莠不識，就會無意中被別有用心的小人所利用，悔之莫及。

56 怎樣才能事事從容

【原文】

忙裡要偷閒，須先向閒時討個把柄；鬧中要取靜，須先從靜處立個主宰。不然，未有不因境而遷，隨事而靡者。

【譯文】

要在十分忙碌的時候抽出一點空閒鬆弛一下身心，必須先在空閒的時候對事情有一個合理地安排和考慮；

要在喧鬧中保持頭腦的冷靜，必須先在平靜時有個主張。

如果不這樣，一旦遇到繁忙或者喧鬧的情形就會手忙腳亂。

【人生感悟】

忙裡偷閒，鬧中取靜，事事從容，不是一般人可以做到，要有預見性和計畫性。

《禮記．中庸》中有言：「凡事豫則立，不豫則廢。言前定，則不跲。事前定，則不困。行前定，則不疚。道前定，則不窮。」也就是說，要做到臨事不慌，就應當事先計畫，靜的時候要有主張。做任何事情，沒有計畫不行。

我們在生活中經常看到兩種人，一種人是整天忙忙碌碌，一天到晚「滿頭汗」地做事，他們忙得沒時間梳洗整理，衣服穿得亂七八糟，更沒時間陪伴孩子和妻子，日子也過得緊巴巴的。

另一種人也是忙碌，但辦事很有章法，有節奏。你能看到他衣著整齊乾淨，有一些時間喝茶，陪孩子玩遊戲，但日子過得很富足。

二者的區別就是在於做事之前有沒有很好的計畫。

工作過度而吃力的真正原因並不是工作太多，而是因為沒有計畫，沒有系統。正確地處理工作忙亂的問題，需要你做事有計畫和有目標。這樣你就可以把所要做的事情排出一個順序，有助你實現目標的，就把它放在前面，依次為之，並把它記在一張紙上，就成了順序表。養成這樣一個良好習慣，會使你每做一件事，就向自己的目標靠近一步。

那些習慣毫無計畫地工作的人，總是這樣想著：「我必須工作，我必須工作，我必須工作。」可是，沒有計畫，你很可能被一些不在計畫之內的事纏身，該做的事就做不完。如果你每天有計畫，那麼你在每刻鐘之內，都應當曉得做什麼事。

羅斯福總統是一個注重計畫的人。他時時把他所該做的事都記下來，然後擬定一個計畫表，規定自己在某時間內做某事。如此，他便能按時做各項事。透過他的辦公日程表可以看出，從上午9點鐘與夫人在白宮草地上散步起，至晚上招待客人吃飯等為止，整整一天他總是有事做的。當該睡覺的時候，因為該做的事都做了，所以他能完全丟棄心中的一切憂慮和思考，放心地去睡覺。

細心計畫自己的工作，這是羅斯福之所以辦事有效率的秘訣。每當一項工作來臨時，他便先計畫需要多少時間，然後安插在他的日程表裡。他因為能夠把重要的事很早地安插在他的行事曆裡，所以他每天能夠把許多事在預定的時間之內做完。

凡事要有計畫，這些計畫要寫在紙上，不要只是在腦子裡想。要從現實出發，利用現有的資源、技能來策劃和計畫每件事。

心理學家威廉·詹姆士曾經著文指出：「一個人不是因為習慣而是因優柔寡斷以致不能行動，是最糟糕不過的了。」因此不要做個僅止於打算的人，你要全心全意去實踐你的主意。全力以赴，你就會看到一切事情都會進行得很好。

57 和小人交往不要草率

【原文】

善人未能急親，不宜預揚，恐來讒譖之奸；惡人未能輕去，不宜先發，恐遭媒孽之禍。

【譯文】

要想結交一個有修養的人不必急著跟他親近，也不必事先宣揚他，避免引起壞人的嫉妒而在背後誣衊誹謗；

假如一個心地險惡的壞人不易擺脫，絕對不可以草率行事隨便把他打發走，尤其不可以打草驚蛇，以免遭受報復陷害等災禍。

【人生感悟】

生活中，不可避免地會和小人打交道。為什麼呢？因為小人的臉上沒有貼標籤。我們要交人，也要防人，特別是防小人，應時刻提防不要上了小人的當，更不要被小人當槍使。否則，也許真應了那句老話，「被人賣了還在幫著人家數錢」。

有些小人雖然大多時候不敢亂說亂動，但他們本性難改，說不準什麼時候就會「興風作浪」。也可能他們懾於你的權威不敢「太歲頭上動土」，但卻可能利用你這杆大旗辦自己的事，借點光，沾點油水，他們把你當作擋箭牌或者清道夫；更有少數人為了滿足自己的私欲，經常會採取兩面手法，借你之威，幹你沒有想到的事。如果不出事，那還好說，頂多讓小人佔點便宜；萬一出了事，那一切後果就全得由你一人承擔了。誰叫你平時不注意提防小人呢？

君子之交是道義之交，君子之交淡如水，靠愛好、情趣、學識為紐帶來建立感情的這個過程，是個漸進的相互觀察瞭解的過程。和善人交，與君子遊是人所願也。但道不同不相為謀，小人與善人，奸猾之輩與君子從各個方面都格格不入。顯出想與君子善人急於交往的心態而與之過分親密，小人就很可能因為被冷落而忌恨生出破壞的念頭。

與小人接近容易，遠離小人不易。正所謂「請神容易送神難」。

小人很陰險，不受道德規範的拘束，為所欲為又善於偽裝，工於心計又長於逢迎。凡事都以自己的利益為出發點，兩面三刀，出爾反爾，極度善變。這是小人常用的技巧，也是他們生存的必要條件。

對於詭詐的小人，要離得遠遠的，交往不要過密，但也絕不能得罪。因為不知道什麼時候，這些詭詐的人就可能詭詐到你頭上。

對這種人，平時見面該點頭的點頭，該問好的問好，心裡知道他是什麼樣的人就可以了。做事要嚴格遵守原則，不能給這種人空子，否則其必定會得寸進尺，有可能將你拖進泥坑。

小人往往可以得到有權勢者的賞識而很吃得開。如果當權者是好邪之輩，得罪了就更加困難，想送瘟神非得等待時機。

所以遇到小人要小心謹慎，不要因為處理不當而招來災禍。

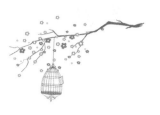

58 處世要溫和，為人要謙恭

【原文】

節義之人濟以和衷，才不啟忿爭之路；功名之士承以謙德，方不開嫉妒之門。

【譯文】

崇尚節義的人行為容易流於偏激，所以須用溫和平緩的胸懷來調劑，溫和平緩就不會與人有意氣之爭；

功成名就的人心理容易流於自大，所以須用謙恭和藹的美德來輔助，謙恭和藹就不會招致人們的嫉妒。

【人生感悟】

「和衷」即和合善良之德。「忿爭」則是「怒爭」，「忿」有怒之意。恪遵「節義」者，為保持情操，必與他人劃分有別，此則易生對立抗爭的現象，並產生怨恨。節義之士性情剛直，總恨「人間路不平」，好對世人「指點江山，激揚文字」，多半易陷於「唯我獨尊，行動特出」的孤高境界中。為了彌補因固守節義而產生的與眾人之不協調，應修以和善之德，而不至於與他人起紛爭。

恪守情操毫無受非難之處，只是恪遵節義者，為實行其所遵從之道，必顯得與他人格格不入。由於社會是個多數人共同生活的團體，個人不能離群索居，因此，尊崇節義時，首先應注意的問題是如何與眾人相處融洽。

一個對功名比較看重的人，一般都比較自信，甚至喜好炫耀自身功績。此類人士易為他人所欽慕，如能修以謙德，便可避免招來他人的嫉妒。

「謙德」亦即謙虛、知讓的美德。《史記．太史公自序》有言：「景公謙德，熒惑退行。剔成暴虐，宋乃滅亡。」意思是說：齊景公有謙讓的美德，而使熒惑星自然退隱。而剔成暴虐無道，宋國因而滅亡。「熒惑」，《史記》中將之解釋為顯示兵亂徵兆的星星。所謂熒惑「出則有兵，入則兵散」。也就是說：有謙讓美德的君王，能退走象徵兵亂之星。

總之，做人不可恃一己之長以傲人待物，不能因自己一方面有優點就忽視自己其他方面的不足。

對恪守情操的節義之士而言，因為其性格剛強，看問題就可能偏激。就剛強而言是長處，就偏激而言是短處。為了取長補短，平日要養成溫和的處世態度，注意緩和激烈的個性，才能與人維持良好的關係。

古語所說「美服患人指，高明逼神惡」與「樹大易招風，功大易招忌」有同樣的道理，對有身分地位的人來說，樹大招風，功大招忌，保持一種謙恭和藹的態度，才能維護功業的長久。做人不論處於什麼位置都應謙和謹慎，避免人際無情的紛爭，騰出精力做自己應做的事情。

59 一定要忙中有閒

【原文】

人生太閒，則別念竊生，太忙，則真性不見。

故君子不可不抱身心之憂，亦不可不耽風月之趣。

【譯文】

一個人整天太閒，一切雜念就會在暗中悄悄出現；整天奔波勞碌不堪，又會使人喪失純真的本性。

所以大凡一個有才德的君子，既不願使身心過度疲勞，也不願整天沉迷在聲色犬馬的享樂中。

【人生感悟】

清代文人張潮曾說：「人莫樂於閒，非無所事事之謂也。閒則能讀書，閒則能遊名勝，閒則能交益友，閒則能飲酒，閒則能著書。」閒有身閒，有心閒，如張潮所言應當是心閒身不閒，閒中不可無所事事，應當找點閒事做做，方才閒得其道，閒得其樂。像那種心閒身也閒的人，一味遊手好閒，必會「太閒反生惡業」。

而對於現代人來講，多數人的問題是「太忙」，忙得忘記了朋友，忘記了親人，忘記了自己，忘記了生活應有的樂趣。一味地追求自己想要的東西，卻不知自己離真正的人生越來越遠。

同樣，人們都有這樣一種生活體驗，覺得長久無所事事也是很痛苦的。

生活最好是既不可太閒，又不可太忙。凡是與自己情趣、追求無關的事可以放一放，閒一閒；凡是有關原則和與自己追求有關的事就要緊一緊，不停手地去做。一張一弛，忙閒結合。

有這樣一個近年來流傳很廣的故事，相信會給我們很多啟發：

有一個美國商人坐在墨西哥海邊一個小漁村的碼頭上，看著一名墨西哥漁夫划著一艘小船靠岸。小船上有好幾尾大黃鰭鮪魚，這個美國商人對墨西哥漁夫能抓到這麼高檔的魚恭維了一番，還問要多少時間才能抓這麼多？墨西哥漁夫說，才一會兒工夫就抓到了。美國人再問，你為什麼不待久一點，好多抓一些魚？

墨西哥漁夫覺得不以為然：「這些魚已經足夠我一家人生活所需啦！」美國人又問：「那

麼你一天剩下那麼多時間都在幹什麼？」

墨西哥漁夫解釋：「我每天睡到自然醒，出海抓幾條魚，回來後跟孩子們玩一玩，再跟老婆睡個午覺，黃昏時晃到村子裡喝點小酒，跟哥兒們玩玩吉他，我的日子可過得充實又忙碌呢！」

美國人不以為然，幫他出主意，他說：「我是美國哈佛大學企管碩士，我倒是可以幫你忙！你應該每天多花一些時間去抓魚，到時候你就有錢去買條大一點的船。自然你就可以抓更多魚，再買更多漁船。然後你就可以擁有一支漁船隊。到時候你就不必把魚賣給魚販子，而是直接賣給加工廠。然後你可以自己開一家罐頭工廠。如此你就可以控制整個生產、加工處理和行銷。然後你可以離開這個小漁村，搬到墨西哥城，再搬到洛杉磯，最後到紐約。在那裡經營你不斷擴張的企業。」

墨西哥漁夫問：「這要花多少時間呢？」美國人回答：「十五到二十年。」墨西哥漁夫問：「然後呢？」美國人大笑著說：「然後你就可以在家當皇帝啦！時機一到，你可以宣佈股票上市，把你的公司股份賣給投資大眾。到時候你就發啦！你可以幾億幾億地賺！」

墨西哥漁夫問：「然後呢？」

美國人說：「到那個時候你就可以退休啦！你可以搬到海邊的小漁村去住。每天睡到自然醒，出海隨便抓幾條魚，跟孩子們玩一玩，再跟老婆睡個午覺，黃昏時，晃到村子裡喝點小酒，跟哥兒們玩玩吉他！」

墨西哥漁夫疑惑地問：「我現在不就是這樣嗎？」

為了生活，為了事業，我們每天不得不投入工作。但我們實在不該讓工作壓垮自己。一個人要學會調節自己，有張有弛，讓自己的神經在每一天、每一週、每一個月都能適時地輕鬆一下，享受一下生活應有的樂趣，讓心靈放個假。

60 得理要讓人

【原文】

理寂則事寂，遣事執理者，似去影留形；

心空則境空，去境存心者，如聚羶卻蚋。

【譯文】

世間的道理如果歸於空寂，那麼一切事物也會歸於空寂，若一味地捨棄事實而執著於道理，就好像要去除影子卻要留下形體那樣荒謬；內心如果保持空寂，那麼外在的境遇也會隨著空寂，若一味地捨棄境遇而仍然執著於此心，就好像以聚集腥臭來驅趕蚊蠅一樣可笑。

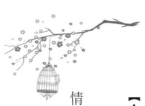

【人生感悟】

「理寂則事寂」，也就是說不要有理了，就抓住不放。放開了，也就是「理寂」，那麼事情就會慢慢平息。否則，「遣事執理」，抓住自己的理不放，得理不饒人，要想平息事端就很難辦到。

有一首打油詩寫得好：

不在燈火下，沒有影子從。
得理不讓人，陰影永隨身。
心境應空明，沒有腐朽生。
蛆蟲逐腥臭，歹念不可生。

每個人的智慧、經驗、價值觀、生活背景都不盡相同，因此，人與人之間難免發生些不愉快的小事情。本來這是很正常的，大家都退一步，把話說開了也就過去了。但是，有時候人的本性又把事情推向了另一個極端，一方面為了面子，一方面為了利益，因此一旦得理，便不饒人，非逼得對方鳴金收兵不可。

日常的工作生活中，很多人為皮毛小事爭得不亦樂乎，誰也不肯甘拜下風，說著論著就較起真來，以致非要決一雌雄方肯甘休，甚至嚴重到大打出手，最後鬧個不歡而散，雞飛狗跳。

「有理走遍天下。」其實，「有理」與「無理」僅有一步之遙。

得理不饒人，不僅沒有人情味，有理也會變得無理。用這種方式處世的人，當然不可能有好人緣。何況，你得理時不饒人，以後有機會別人也不會輕易放過你。「得理不饒人」，讓對方走投無路，有可能激起對方「求生」的意志，從而「不擇手段」，這對你自己將造成傷害。給對方留有餘地，見好就收，結果就不同了。

冤家宜解不宜結，一個懂得寬容別人過錯而不記仇的人，「仇人」就會良心發現反過來以誠相報。這樣，就能團結一切能夠團結的力量，就會少有羈絆，無負重而輕鬆前行。

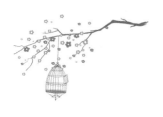

61 道德是做人的根基

【原文】

富貴名譽，自道德來者，如山林中花，自是舒徐繁衍；

自功業來者，如盆檻中花，便有遷徙興廢；

若以權力得者，如瓶缽中花，其根不植，其萎可立而待矣。

【譯文】

一個人的榮華富貴和名譽聲望，如是從高深的道德修養中得來，就如同生長在大自然中的野花，會不斷地繁殖綿綿延延無絕期；

如果是從建立政治功勳中所得來，那就如同生長在花園中的盆栽一般，只要稍微移植或搬動，花木的成長就會受到嚴重的影響；

假如是靠特權階級或惡勢力而得來，那就如同插在玻璃瓶中的花朵，由於它的根部沒有深植在土中，所以花的凋謝幾乎是指日可待。

【人生感悟】

《論語．述而篇》有言：「不義而富且貴，於我如浮雲。」

古人提倡以德報人，而且認為財富、美名，也應是有德者居之。道德的修養不是一朝一夕的事，需要一點一點地累積。如果用不正當的手段強行獲得，那就宛如空中樓閣，沒有根基，或許轉眼之間就會土崩瓦解。

所以，古人提醒我們，財富要透過勞動付出得來，自己的社會地位要依靠自己的道德力量獲得。否則，「其根不植，其萎可立而待矣。」

人們都知道嚴嵩是明代有名的奸臣。他身材瘦高，兩道疏眉之間有一種陰詐之氣，說起話來聲音極響，聽起來讓人有一種懼怕的感覺。嚴嵩自幼跟隨父親精讀詩書。明孝宗弘治十八年（西元一五0五年）中進士，後被任命為編修。從此他便挖空心思地索升求官。

明世宗嘉靖七年，嚴嵩以禮部右侍郎的身分被皇帝派往祭告顯陵，回來後他上書請求為皇族去世之人樹碑，皇帝心中大為歡喜，於是將嚴嵩提升為吏部左侍郎。嚴嵩就是靠著這種逢迎拍馬的把戲取悅於皇帝，然後不斷地得以升遷，最終當上了宰相。《明史．嚴嵩傳》這樣評價他：「嵩無他才略，惟一意媚上，竊權罔利。」嚴嵩在朝中與兒子嚴世蕃一起培植黨羽，欺上瞞下，清除異己，營私舞弊，無惡不作。

嚴嵩倒台之後被抄沒家產，從他家裡抄出的金銀珠寶及園宅器物，估價達236萬兩，另在他的老家袁州的田產，佔了一府四縣土地的七成以上。他的兒子嚴世蕃比嚴嵩更甚，家中光是藏金銀的地窖就查出十數個，每個所藏金銀都達百萬兩之巨，連嚴嵩知道以後都嚇得直冒冷汗。

俗語說「馬無夜草不肥，人無橫財不富」，嚴嵩的這些錢財無疑都是得自邪門歪道的橫財，當時也的確是富過帝王家而「甲天下」了，但最終結果又如何呢？連一代都沒有富下去便落得灰飛煙滅。這樣的橫財，帶給他們的不是長久的平安富貴，而是滅門之禍。所謂「飛來的橫財不是財，帶來的橫禍恰是禍」，說的就是這個道理。

柏楊早在幾十年前就在《醜陋的中國人》裡寫下這樣的話：「中國人最講道德的，只不過全是寫在紙上。」這句話雖然刺耳，但也道出了一定的事實真相。頻繁出現的假冒產品，從工業油墨包裝袋到假藥事件，不勝枚舉。而造假的理由只有一個，這樣做成本更低，可以賺更多的錢。在房地產領域，一心賺錢、偷工減料的現象也十分普遍，業主與建商、開發商的矛盾屢見不鮮。結果呢？這些產品或企業不是被迫退出市場，就是名譽受損，可以說是得不償失。

以人為本，義利相通，是有大成就的人共同遵循的基本原則。

清朝的大商人經商從來不違背下面幾條原則：

第一，可以為了錢「去刀口上舔血」，但絕不在朝廷律令明白規定不能走的道上賺黑心錢；

第二，可以撿便宜賺錢，但絕不去貪圖對別人不利的便宜，絕不為了自己賺錢而去敲碎別人的飯碗；

第三，可以借助朋友的力量賺錢，但絕不為了賺錢去做對不起朋友的事情；

第四，可以尋機取巧，但絕不背信棄義靠坑蒙拐騙賺昧心錢；

第五，可以將如何賺錢放在日常所有事務之首，但該施財行善、擲金買樂時也絕不吝嗇，絕不做守財奴。

從某種意義上說，商道其實也就是人道。經商之道，首先是做人、待人之道。一跤跌進錢坑裡，心中只有錢而沒有人，為了錢坑蒙拐騙，傷天害理，便是奸商。奸商與奸詐無恥等同，這種人錢再多，也等於沒錢。

62 怎樣對待「是」與「非」

【原文】

昨日之非不可留，留之則根燼復萌，而塵情畫累乎理趣；今日之是不可執，執之則渣滓未化，而理趣反轉為欲根。

【譯文】

糾正以前的過錯要徹底，一點也不能保留，如改正不徹底就有可能死灰復燃，這樣，世俗的觀念最終就會影響到對真理的追求；

今天的成功也不能故步自封，如果自是而固執，就會走向反面，理性反而轉變成為欲念的劣根。

【人生感悟】

「昨日之非不可留」，並不是要我們與過去完全割裂，而是要在心裡放下，不要讓它影響現在的生活。生活中不順心事十有八九，要做到事事順心，就要拿得起放得下，不愉快的事讓它過去，不必放在心上。

一個長相俊俏的女孩子投河自盡，被正在河中划船的老艄公救上了船。

艄公問：「你年紀輕輕的，為何尋短見？」

女孩子哭訴道：「我結婚兩年，我愛自己的丈夫，丈夫卻遺棄了我。你說，我活著還有什麼樂趣？」

艄公又問：「兩年前你是怎麼過的？」

女孩子說：「那時候我自由自在，無憂無慮。」

「那時你有丈夫嗎？」

「沒有。」

「那麼，你不過是被命運之船送回到了兩年前，現在你又自由自在，無憂無慮了。」女孩子聽了艄公的話，心裡頓時敞亮了，便告別艄公，輕輕鬆鬆地跳上了岸。

因此，要努力做一個明智的人，既然「拿得起」那頗有分量的幸福，也同樣應該「放得下」它，從而使自己步入柳暗花明的新天地，做出另一種有意義的選擇。這樣，我們又有什麼惆悵或遺憾的呢？

綜觀一個人的人生道路，大都呈波浪起伏、凹凸不平之狀，難怪曹植要說「變故在斯須，百年誰能持」了。

能放下的人是睿智的，因為「放下」可以放飛心靈，可以還原本性，使你真實地享受人生；只有「放下」才能開始另一種選擇，沒有明智的放棄就等於葬送了可以擁有輝煌明天的機會。

相反，「今日之是不可執」，即使立下蓋世奇功，也不可居功自傲。

漢朝的周勃是開國元勳。在呂后專權而諸呂陰謀篡權時，周勃挺身而出，私傳聖旨，奪去了北營呂祿的兵權，鎮壓了三呂（呂祿，上將軍；呂產，宰相；呂通，燕王），擁立劉恆為文帝，為此，周勃被任命為右丞相。劉恆對周勃既尊敬又畏懼。一次，早朝散去。周勃告辭退出，神色很是得意。劉恆對他十分禮敬，一直目不轉睛地看著他出朝。

禁衛官袁盎規勸文帝劉恆說，呂姓家族大逆不道，大臣們共同發動反擊，當時，周勃恰好是全國武裝部隊總司令（太尉），本來就有軍權，順手牽羊地成了大功。而今他的樣子，似乎有驕傲的神色，而陛下卻那麼謙讓。臣失臣禮，君失君禮，並不恰當。從此，劉恆對周勃改變了態度。

一次早朝，劉恆問丞相周勃：「國家一年間，有多少案件判決？國家每年收支多少？」周勃不知道，惶恐慚愧，大汗如雨。不久之後，有人向周勃進言：「富貴如果太久，可能為你招來大禍。」於是，周勃聲稱有病，請求辭職。劉恆准奏。周勃回到了他的封國山西省曲沃縣。

周勃回到封國，每逢郡長或太尉來絳縣巡視時，周勃都驚慌失措，恐怕負有特別使命前來誅殺他。所以他經常身披盔甲，在家人全副武裝的保護下，才敢出來接見。

不久，有人檢舉周勃謀反，劉恆一紙詔書，逮捕了周勃，並在審訊時對他逼供凌辱。幸虧周勃家人行賄二十四萬兩黃金，又求他的兒媳昌平公主作證，皇太后出面，周勃才得釋放。

所以「今日之是不可執」，如果「執之」，「是」就可能變成「非」。

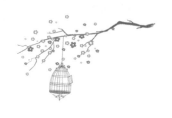

63 無爭、清淡才能長久

【原文】

爭先的徑路窄，退後一步自寬平一步；濃豔的滋味短，清淡一分自悠長一分。

【譯文】

和人爭先就覺得道路很窄，假如能退後一步讓人先走自然覺得路面寬平許多；凡是太過濃豔的味道最容易使人生膩，假如能清淡一分自然會覺得滋味歷久彌香。

【人生感悟】

《道德經・第六十六章》有言：「以其不爭，故天下莫能與之爭。」就是說由於他不與人爭來爭去，因此，天下就沒有人能與他競爭了。如果你與全國人去爭國家，與全天下人去爭天下，與所有領域中的人去爭成敗，結果必然是一無所獲。你如果不與他人去爭，恬淡無為，或許會有所得，不爭之爭反而天下莫能與之爭。

日本的圍棋高手高川秀格，曾以「流水不爭先」作為座右銘。他在圍棋比賽時，將陣形佈置成像水一樣的悠散，不讓對方感到畏懼。一旦開戰，沉靜的波瀾立即發揮出所蘊含著的能量，迅速擊潰對方的攻勢，這就是靈活運用了「爭先的徑路窄，退後一步自寬平一步」的道理。

當然，所謂「不爭」，是有條件、有場合、有限度的，並非要求人在任何情況下都絕對不爭以致甘受欺侮。不然，矜無所矜，就成為阿Q，成為懦夫了。那也不是我們所需要的「修養」。

人生在世，「清淡一分自悠長一分」。說起來容易，但要做到真正的「清淡」卻不是那麼簡單。真正的「清淡」是做到思想上清淡，而且在心裡沒有負擔。保持一顆清淡的平常心，順其自然，方為上乘。

清淡乃飲食之根本。現代人生活水準越來越高，飲食越來越豐富。在追求美食的同時也帶來一些煩惱，譬如年輕人重口味、不太注意節制，且比較喜歡煎炸、辛辣的食物，久而久之，臉上長出了痘痘，腰圍粗了，甚至有些人年紀輕輕就得上了「富貴病」。要防止這些現象，保持身體健康，只有多吃蔬菜水果，多做戶外運動，調節飲食結構，以清淡為宜，做到防微杜漸。

不光是飲食方面要講究清淡，為人處世方面，保持一顆清淡的平常心尤為重要。莊子有一句名言「安時而處順」，保持精神愉快，樂觀豁達，吃也吃得下，睡也睡得著，有問題則設法解決之，有困難努力克服之。心平氣和，清淡為人。

學會清淡為人，必須經得住誘惑，對功名利祿等身外之物，每個人都有與生俱來的佔有欲，真正的處世法則是要講究適度，猶如人之裝扮，太過濃豔會使人膩味，時刻保持清醒和清淡，則人格會高尚永存，歷久彌香。

學會清淡為人，必須虛懷若谷，志存高遠。天地間，唯有清淡才能神明，神明才能自在和諧。人生貴在清淡，讓我們在清淡中牢牢把握人生的真諦。

64 心要明，耳要靜

【原文】

耳根似飆谷投音，過而不留，則是非俱謝；心境如月池浸色，空而不著，則物我兩忘。

【譯文】

耳根假如像大風吹過山谷一般，經一陣呼嘯之後什麼也不留，這樣所有流言蜚語就都不起作用；心靈假如能像水中的月亮一般，月亮既不在水中，水中也不留月亮，那麼心中自然也就一片空明而無物我之分。

【人生感悟】

佛教講究「六根清淨」。什麼意思呢？一方面是指耳不聽惡聲，另一方面指心不想惡事，眼、耳、鼻、舌、身、意六者都要不留任何印象才行。

真正修養深厚、莊矜自重的人可以做到耳不聽惡聲，他們不在乎別人的流言蜚語，因為他們把自身的優勢，向內變成為一種人格涵養，向外變成為一種不屑計較的態度。這樣的人才能真正地享受生活，從生活中得到更多的快樂。

現實中，我們常常被別人的評論所左右，因別人的閒言碎語而自己苦惱。其實，大可不必。每個人都有自己的生活方式，我們不必為沒有得到理解而遺憾嘆惜。

當然，無端被人責難、誤解、誣陷，有時比遭到明火執仗的刀砍斧剁還要難受，特別是當內心的委屈、忿懣、悲傷無人訴說，有口難辯時，更是苦不堪言。有的人就是這樣因為「人言可畏」而走上了自我毀滅，一了百了的不歸之路。話又說回來，「坐下來說人，站起來被人說。」評價人和被人評價都是一種正常的生活現象，哪個背後沒人說，哪個人後不說人？

「謠言止於智者」，不管別人怎麼看你，如何說你，你大可不必太在意，不必太認真，更不要去理睬，舌頭長在別人嘴裡，說什麼是他們的自由，該怎樣做是你的權利。即使讓他們罵個口水連天又能奈何得了你什麼？所以，人最要緊的不是爭取別人怎麼看自己，而是要考慮自己的路該怎麼走，怎麼走才能走得更好。千萬不要按別人的思維來對待自己，對待社會，嗚冤叫屈、怨天尤人、敵對別人、仇視社會，只能上了別人的當，中了別人的圈套，那些存心搬弄是非的人，其目的就是要讓你沒有好日子過。

因此，「耳根似飆谷投音，過而不留」，這樣，所有流言蜚語就都不起作用。「過而不留」是一種高度的自信和自尊，是在人格上超越對方、壓倒對方。

「心境如月池浸色」，「則物我兩忘」。真正的空不是拒絕一切，空無一物。一味排斥外物也看不清事物的本質，斷絕一切欲望是痛苦的，要靠自己修養鍛鍊。想成就淡泊脫俗，不必逃避世俗，遁跡入空，不必斷絕欲念，使心如槁灰，而是更要投身到社會生活中。只要保持心境空明，那麼一切煩惱皆無從生起，身處塵世又有什麼關係呢？

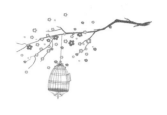

65 播什麼種子，結什麼果

【原文】

為善不見其益，如草裡冬瓜，自應暗長；為惡不見其損，如庭前春雪，當必潛消。

【譯文】

一個經常做好事的人，雖說表面上看不出有什麼好處，但是善人就像一個長在草叢中的冬瓜，自然會暗中一天天長大；一個經常做壞事的人，雖說表面上看不出有什麼壞處，但惡人就像春天院子裡的積雪，只要陽光一照射自然就會被融化而消失。

【人生感悟】

予人以善，別人也將還你以善。人得意的時候要善待他人，因為在失勢時你會遇到他。

佛說：「善有善報，惡有惡報，不是不報，時候未到。」所表明的也是這個道理，善與惡有時不是馬上可以見到結果的，但多行不義必自斃。做一件善事算不得善人，行一件壞事也不是壞人，但量的累積到了一定的程度就會發生質的變化。

「愛出者愛返，福往者福來」，人世間的事情，總是往復循環，投之以李，報之以桃。有了付出才有回報，沒有無回報的付出，也沒有無付出的回報。

一九三三年，經濟危機籠罩著整個美洲大陸，大小企業紛紛破產，許多曾經威風一時的老闆都加入到靠領取救濟金度日的行列中。那些尚在運行著的企業也是如臨深淵，小心翼翼地對待每一件事，唯恐出現一點小的紕漏，而導致整個企業的崩潰。

在這種危機四伏的時刻，哈理遜紡織公司發生了一起大火災，整個廠區淪為一片廢墟。這對哈理遜公司來說無疑是雪上加霜，三千名員工悲觀地回到家裡，等待著老闆宣佈公司破產和失業風暴的來臨。

他們在不安的漫長等待中，終於等來了老闆發來的一封信，信裡只是告訴工人們在下個月發薪水的那天，照常去公司領取這個月的薪金。

在整個世界一片蕭條，人人都求自保，不管他人死活的時候，能有這樣的消息傳來，員工們大感意外，他們紛紛寫信或打電話向老闆表示真誠的感謝。老闆亞倫・傅斯告訴他們：公司雖然損失慘重，但員工們更苦，沒有薪資他們無法生活，所以，只要他能弄到一分錢，也要發給員工。

三千名員工一個月的薪水是一筆數額非常巨大的資金，更何況紡織公司已經化成一片廢墟，別說是處在經濟蕭條期，就是在經濟上升期也很難恢復元氣。既然恢復無望，還要掏自己的腰包給停職在家的工人發薪資，老闆不僅是糊塗透頂，簡直是瘋了！

更不可思議的是，一個月後，正當員工們為下個月的生計犯愁時，他們又收到老闆的第二封信，信上說再支付員工一個月的薪水。在失業潮席捲全國，人人生計無著，上班都拿不到薪資的時候，能得到如此的照顧，誰能不感念老闆的仁慈與寬待呢？

老闆的善舉終於有了回報。第二天，員工們陸陸續續走進公司，自發地清理廢墟，擦洗機器，還有一些人主動去南方聯繫中斷的貨源，尋找好的合作夥伴。

僅僅用了三個月，哈理遜公司重新運轉了起來，在當時的環境下這簡直就是一個奇蹟。奇蹟的取得是員工們忘我工作、日夜奮鬥的結果。

當初曾經有人勸說亞倫．傅斯領取保險公司的賠款，然後一走了之。見他傻乎乎地用錢發薪資給工人，批評他感情用事，嘲諷他糊塗。而到這時，那些人才真正理解了他的經商之道，看出了他的精明。

亞倫・傅斯用他的仁慈，使自己的事業蒸蒸日上。

亞倫・傅斯的經歷告訴我們，捨得施恩，就會有回報，而且是出乎意料的回報。

「善有善報，惡有惡報」，一貫行善積德者的結局，總比作惡多端的人圓滿。因為行善與作惡存在著本質的差別，所以我們一定要分清是非觀念，要行善而不作惡，這樣才會使我們懂得「善根暗長，惡損潛消」的道理。

也許有人會說，名是虛的，利是實的，放開利益原則去做仗義疏財的事，是不是有點捨本逐末？

如同捕魚必須有漁網一樣，隨時隨地播撒一些愛心的種子，就是廣結經營之網，結的網越大，捕封的魚就越大、越多；與人為善，就是為己積恩。這將使那些受到恩惠或善意的人記住你，並且記掛著有一天回報你。

66 超脫才能快樂

【原文】

魚得水逝而相忘乎水，鳥乘風飛而不知有風，識此可以超物累，可以樂天機。

【譯文】

魚有水才能優哉優哉地游，但是它們忘記自己置身於水中；鳥藉風力才能自由自在翱翔，但是牠們卻不知道自己置身風中。人如果能看清此中道理，就可以超然置身於物欲的誘惑之外，獲得人生的樂趣。

【人生感悟】

中國有句古話叫「跳出三界外，不在五行中」。「三界」，指欲界、色界、無色界，共有二十八重天。「五行」是金、木、水、火、土（微觀）。為什麼非要往外跳，因為：不識廬山真面目，只緣身在此山中。

所以，《菜根譚》告訴我們務必「超脫」，也就是「處世而忘世，可以超物而樂天」。世上很多事知道了反而憂鬱煩愁，忘乎所以反而其樂融融。人因物質條件的保障而生存，人們以追求物質的最大滿足為幸福，人人都這麼追求，煩惱便由此而生。人如果忘卻這種物欲上的不滿，放棄貪得無厭的追逐，而尋求精神自修之道，達到心理上的平衡與安然，就可以超然於物欲外，自會減少許多驚險處而增添一些開心的東西。人的生活只有超脫些才不致欲不可耐、才不致被物欲淹沒。

唐朝有一位高僧，叫慧宗禪師。他有一個特點，就是鍾愛蘭花。有一年，他帶著一群小和尚辛勤地栽培。次年春天，滿山開滿了蘭花，小和尚們都高興得合不攏嘴。不料一場暴風雨之後，滿山的蘭花亂七八糟地倒在稀泥裡，花朵撒了一地。

早上起來，小和尚們看到這個情景驚呆了，一個個忐忑不安、哆哆嗦嗦地等待高僧的數落，哪知高僧卻平心靜氣地說：「我栽花是為了尋找愛好和樂趣，而不是得到憤怒和埋怨。」小和尚們頓時醍醐灌頂，對高僧寬廣的胸懷欽佩不已。是啊，只要我們將那些快樂的蘭花栽種於心田，擁有了蘭心蕙質，我們的心境一定會盈滿幸福與快樂、安詳與寧靜的。

就讓我們的心境離塵囂遠一點，離自然近一點吧！唯有如此，才離超脫更近了一步。這或許是人生的另一個境界，但能做到的人又能有幾個呢？

作為一個平平凡凡的人，擁有一份超脫的心境，不是做現實主義的逃避者，而是在工作和學習之餘，多一份清醒，多一份思考。人生在世，往往不會一帆風順，有進有退，有榮有辱，有升有降，有高潮，也有低谷。如果我們意識到平淡是真的道理，在任何時候都會保持心理平衡，做出明智的選擇。

我們說，平淡的日子絕對不會永遠平淡，只要懷有超脫的心境和一生一世永不放棄的追求，定能獲得生活饋贈的那份歡樂，成功給予的那份慰藉，譜寫出生命最璀璨輝煌的樂章。

67 人生需要一點自得其樂

【原文】

茶不求精而壺亦不燥，酒不求冽而樽亦不空；素琴無弦而常調，短笛無腔而自適。縱難超越羲皇，亦可匹儔嵇阮。

【譯文】

茶葉不要求最講究，只要保證茶壺不乾就可，酒不要求最醇美，只要酒杯不空即可；無弦之琴卻能調出令身心愉悅的樂章，短笛不講音調卻能使我心情舒暢；縱然比不上伏羲那樣的樸實淡泊，也可以和嵇康、阮籍的飄逸灑脫相比。

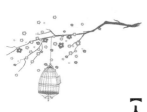

【人生感悟】

《今世說》有一則故事，大意是：

毛稚黃總是生病，連朋友鄰里都為他發愁，他自己卻大不以為然，說是「病的味道極好，實在很難向那些浮躁的人說清楚」。即使是生病，有人也能從中找到快樂。

俗話說「人比人，氣死人」，各人有各人的命運、福氣，有各人的生活環境、工作條件，是不能比的，要比可能自添煩惱。最好是走自己的路。儘管可能是獨木小橋，但走下去，總會出現陽關大道。沒有一官半職，沒有好的公司行號，沒有好的房屋，沒有漂亮的妻子，沒有聰明聽話的兒女，沒有一筆數字可觀的存款等等，也不必為這些沒有而自怨自艾，不必因看到別人有而眼紅，不必挖空心思從沒有變為有。這並不是說人與世無爭，消極處世，而是指人應該豁達一點，樂觀一點，高遠一點，不要太世俗、太執著、太勢利，否則會活得太累。

「入我門來一笑逢」，逍遙的人生是注定該入此門的，逍遙的人生是該獻予大道的。苦痛中求得精神的涅槃，培育一顆平常心直面悲喜人生，「觀世態炎涼而志不移，逢辛酸苦辣而皆為甜」，這是何等超脫、智慧的人生。

但是，面對很多不如意的事情我們往往手足無措，甚至被折磨得快失去了信心，那麼又如何超脫，如何逍遙？

有個長髮公主，她頭上披著很長很長的金髮，長得很美。公主自幼被囚禁在古堡裡，和她住在一起的老巫婆天天念叨公主長得很醜。

一天，有一位年輕英俊的王子從古堡下經過，被公主的美貌驚呆了，從這以後，他天天都要到這裡來，一飽眼福。公主從王子的眼睛裡認清了自己的美麗，同時也從王子的眼睛裡發現了自己的自由和未來。有一天，她終於放下頭上長長的金髮，讓王子攀著長髮爬上塔頂，把她從塔裡解救出來。

囚禁公主的不是別人，正是她自己，她聽信了魔鬼的話，以為自己長得很醜，不願見人，就把自己囚禁在塔裡。

其實，人在很多時候不就像這個長髮公主嗎？人心很容易被種種煩惱和物欲所捆綁。那都是自己把自己關進去的，就像長髮公主，把老巫婆的話信以為真，認為自己長得很醜，因此把自己囚禁起來。

仔細想想，很多時候，人就像一隻游動的魚，本來可以自由自在地在生命的海洋中游動，尋找食物，欣賞海底世界的景致，享受生命的豐富情趣。但突然有一天，遇到了珊瑚礁；然後自己就不願再動了，並且吶喊著說自己陷入絕境。其實，這是自己給自己營造了心靈的監獄，然後鑽進去，坐以待斃。

到了這個地步，何以談逍遙？

自得其樂不失為一種應付沉重而充滿艱辛的現實人生的變通方式，不失為一種調劑人生的潤滑劑，它能使我們在多煩惱、多憂愁的人生中保留一份必不可少的樂觀。

68 不要自尋煩惱

【原文】

水不波則自定，鑑不翳則自明，故心無可清，去其混之者而清自現；樂不必尋，去其苦之者而樂自存。

【譯文】

水面沒有波浪自然會平靜，鏡面沒有塵土自然會明亮。人類的心靈無須刻意清洗，只要將心靈中的邪念除去，平靜明亮的心態自會呈現；生活的樂趣無須主動追求，只要將心靈中的煩惱排除，快樂幸福的生活自會到來。

【人生感悟】

古人說：「天下本無事，庸人擾之為煩耳。」盧梭說：「我們的悲傷，我們的憂慮和我們的痛苦，都是由我們自己引起的。」

每個人都有七情六欲，煩惱是人之常情，是人人避免不了的。但是，由於每個人對待煩惱的態度不同，所以煩惱對人的影響也不同，通常人們所說的樂天派與多愁善感型就有明顯的區別。樂天派的人一般很少自尋煩惱，而且善於淡化煩惱，所以活得輕鬆，活得瀟灑；而多愁善感的人喜歡自尋煩惱，一旦有了煩惱，憂愁萬千，牽腸掛肚，離不開，扔不掉，活得實在窩囊。

快樂對於人們來說，並不是刻意地去追求才會得到，有的人越去追求，反而越得不到快樂。那麼怎樣才能得到快樂呢？

《菜根譚》告訴我們，如果天空沒有風，不會掀起波浪，也不會有波瀾壯闊的巨浪，那麼大海的水面自然風平浪靜，自然一切都是安定的。如果鏡子沒有被什麼東西遮擋的話，自然就會是明亮的，自然會照見各種事物。我們的心情是平靜的，就像鏡子一樣那麼明亮，心裡沒有那種污泥濁水的私心雜念，那麼我們就有了純潔而又透明的心靈。

所以快樂不必刻意地去尋求，只要我們的心裡沒有了私心雜念，沒有了心中的苦惱，那麼我們的心中自然會有更大的快樂，這才能夠真正體現「去其苦之者而樂自存」。

其實，人生中的大多數煩惱都是自找的。例如，當了幾年處長之後就想當局長，結果提了一個資歷比自己差很多的人上去了，你肯定不高興，其實你所處的位置不知有多少人羨慕著，再說局長有局長的煩惱，而且局長的煩惱未必少。還有的人為錢而煩惱，有了一萬想兩萬，有了兩萬想三萬……還是煩惱，可惜你除了想過錢多的得意，有沒有想到錢多的煩惱？錢少的或許沒有錢多的那麼神氣，但錢少的也沒有錢多的那麼多擔憂，平民小戶沒有大富人家對盜賊綁架的擔心，恐怕也少有為爭奪家產使兄弟反目甚至相殘的悲哀。

自尋煩惱的確不是一件好事。那麼，我們為什麼又往往自尋煩惱呢？美國心理治療專家比爾．利特爾經過研究認為：一個人若有以下心理或做法，必定會促使其自尋煩惱、無事生非：

（1）把責任統統算到自己頭上。如果你把別人的問題攬到自己身上而自怨自艾，把某些人不喜歡你的責任也統統歸因於自己，那麼要不了多久，你就會煩惱成疾。

（2）做黃粱夢。最可憐的人是那些慣於抱有不切實際希望的人。如果一個人把自己的目標制定得高不可攀，他就會因不能實現目標而煩惱。

（3）一味地盯著消極面，對任何事情都不從積極的角度考慮。牢牢記住你有多少次受到不公正的待遇，或牢記著有多少次別人對你說話的態度不友善。如果你把注意力集中在那些不好的、吃虧的事情上，你就會運用這種消極的思想方法來自己製造煩惱。

（4）不合群。不讚揚別人，也不鼓勵別人，只選擇喋喋不休地批評、挑剔、埋怨、小題大做。

（5）任由事情變得更糟。當問題第一次出現時就正視它，它就很容易解決。反之，如果讓問題像滾雪球一樣不斷地擴大下去，到最後滾雪球的人總是遵照一條簡單的規則行事：「如果錯過了解決問題的時機，索性再往後拖拖。」這樣，只會使問題變得更糟，必定會導致你的憤怒和苦惱埋在心底幾個月甚至幾年。

（6）自認為自己的地位低下。母親們過度地承擔家務，然後對自己說：「沒有一個人真正心疼我，對我們家來說，我不過是個僕人而已。」當父親的也能採取同樣的方法：「我的骨架都累散了，誰也不把我當回事，大家都在利用我。」經常這樣想，必定會使你煩惱異常，而且還會使周圍的人感到討厭，令你的感覺變得更糟。

（7）「事後諸葛」。如果你預料到有什麼壞事會出現，它們多半是會兌現的。

（8）把其他人都看得一錢不值。首先嫌棄自己；一旦貶低了自己的價值，接下來就會覺得其他人也同樣淺薄，於是對他們不屑一顧，使自己變得眾叛親離。

不論你是高官還是平民，不論你是富豪還是窮人，不論你是社會名流還是無名之輩，恐怕誰也不能保證自己一生沒有煩惱。即使你不自找煩惱，但還是少不了煩惱，因為人是現實的，不是超凡脫俗的聖人，既然這樣，我們就不要再自尋煩惱了，而是要學會善於淡化煩惱，化解煩惱。那麼，如何才能淡化和化解煩惱呢？你可以試試以下方法：

（1）辯證地看問題。下雨了，打著傘，頂著雨趕回家的人一定很羨慕坐在陽台上欣賞雨景的人，可是看看身邊，沒有雨具，全身淋得濕透的人，心中也能湧起一絲幸福感。在NBA的世界裡，如果人人非要跟喬丹比較，那真的是很不現實的事情。很多人只能望其項背，所以只能以他為最高，做最真實的自己，否則，那肯定是件極度煩惱的事。

（2）時間是治療痛苦的良藥。遇到煩惱之事，倘若你主動從時間的角度來考慮一下，心中對煩惱之事的感受程度可能就會大大減輕。受了上司的當眾批評，面子上很過不去，心裡難以承受，不妨試想一下，三天後、一星期後甚至一個月後，誰還會把這件事當回事？

忌憂，找樂，這是現代人的憂樂觀。生活中本來惱人的事就不少，假如你再庸人自擾，不是活得更累嗎？

請記住一句話：煩惱就像天空中的一片烏雲，如果你的心中是一片晴空，那麼煩惱不會對你有絲毫的影響。所以，你可以尋找甜蜜的愛情，可以尋找美好的生活，但絕不可以自尋煩惱。

69 不要追求完美，一切隨緣

【原文】

釋氏隨緣，吾儒素位，四字是渡海的浮囊。蓋世路茫茫，一念求全則萬緒紛起，隨遇而安，則無入不得矣。

【譯文】

佛家講求順應因緣順應自然，而儒家講究保守本分，「隨緣素位」這四個字是渡過人生苦海的浮囊。大概因為人生之路茫茫無邊，一產生追求完美的想法，那麼各種紛亂的頭緒就會不斷，能夠安然面對所遇到的事物，無論在哪裡都可以怡然自得。

【人生感悟】

佛家主張凡事都要隨緣，因為自然的規律是不以人的意志為轉移的，所以，我們無須去刻意追求什麼，而要一切隨緣。

儒家所主張的「素位」，就是君子堅守本位而不妄貪其他權勢，要滿足自己所處的現實環境，這和佛家所說「萬事皆緣，隨遇而安」是相通的。

有人說：「人不應聽從命運的安排，把自己的一生付諸天意。不能因為自己生來貧困便安於貧困，生於惡境便安於惡境，那不是逆來順受了嗎？」

這裡，應從積極意義來理解，從處世角度來看。凡事不可強求，有些事在現有條件下行不通，就有等待時機的必要，就需要安於現狀而不是心慌意亂。凡事強求而不遵循事物的基本規律就難行得通。

何為隨？隨不是跟隨，是順其自然，不怨恨，不躁進，不過度，不強求；隨不是隨便，是把握機緣，不悲觀，不刻板，不慌亂，不忘形；隨是一種達觀，是一種灑脫，是一份人生的成熟，一份人情的練達。

何為緣？世間萬事萬物皆有相遇、相隨、相樂的可能性。有可能即有緣，無可能即無緣。緣，無處不有，無時不在。你、我、他都在緣的網絡之中。常言道，有緣千里來相會，無緣對面不相逢。萬里之外，異國他鄉，陌生人對你哪怕是相視一笑，這便是緣。也有的心儀已久，但終相會無期。緣，有聚有散，有始有終。緣是一種存在，是一個過程。

百丈懷海禪師曰：「有緣即住無緣去，一任清風送白雲。」

人生有所求，求而得之，我之所喜；求而不得，我亦無憂。若如此，人生哪裡還會有什麼煩惱可言？

苦樂隨緣，得失隨緣，以「入世」的態度去耕耘，以「出世」的態度去收穫。順其自然——不怨尤、不急躁、不冒進、不強求、不悲觀、不慌亂——這便是隨緣。大千世界，芸芸眾生，可謂是有事必有緣，如喜緣，福緣，人緣，財緣，機緣，善緣，惡緣等。萬事隨緣，隨順自然，毫不執著，這不僅是哲人的態度，更是我們快樂人生所需要的一種精神。

張愛玲曾這樣寫道：「於千百人中，遇到你所要遇到的人，於千百年中，在時間的無垠的荒野中，有兩個人，沒有早一步，也沒有晚一步，就這樣相逢了，也沒有什麼可說的，只有輕輕地道一聲：哦，你也在這裡嗎？」

徐志摩也告訴世人：「在茫茫人海中，我欲尋一知己，可遇而不可求的，得之，我幸；不得，我命。」

在這個世界上，凡事不可能一帆風順，事事如意，總會有煩惱憂愁而不順心的事時常縈繞著我們，那該如何面對呢？「隨緣自適，煩惱即去。」其實，隨緣是一種進取，是智者的行為。

我們不妨來看看下面這個故事：

三伏天，禪院的草地枯黃了一大片。

「快撒些草籽吧，好難看啊！」

徒弟說。「等天涼了，」

師父揮揮手，「隨時。」

中秋，師父買了一大包草籽，叫徒弟去播種。秋風突起，草籽飄舞，「不好了，許多草籽被吹飛了。」小和尚喊。

「沒關係，吹去者多半中空，落下來也不會發芽，」師傅說，「隨性。」

撒完草籽，幾隻小鳥即來啄食，小和尚又急了。

「沒關係，草籽本來就多準備了，吃不完。」師父繼續翻著經書，「隨遇。」

半夜一場大雨，徒弟衝進禪房：「這下完了，草籽被沖走了。」

「沖到哪兒，就在哪兒發芽，」師父正在打坐，眼皮抬都沒抬，「隨緣。」

半個多月過去了，光禿禿的禪院長出青苗，一些未播種的院角也泛出綠意，徒弟高興得直拍手。師父站在禪房前，點點頭：「隨喜。」

陸賈《新語》云：「不違天時，不奪物性。」明白宇宙人生都是因緣和合，緣聚則成，緣滅則散，才能在遷流變化的無常中，安身立命，隨遇而安。生活中，如果能在真理的原則綱領下持守不變，在小細節處隨緣行道，自然能隨心自在而不失正道。

70 耐字支撐的人生

【原文】

語云：「登山耐側路，踏雪耐危橋。」一耐字極有意味，如傾險之情，坎坷之世道，若不得一耐字撐持過去，幾何不墮入榛莽坑塹哉？

【譯文】

俗話說：「爬山要耐得住斜坡上的險徑，走雪路要有膽量過危險的橋樑。」這一個耐字實在是意味深長。例如險詐奸邪危機四伏的人情，坎坷不平羊腸九曲的人生道路，若不是依靠著這個耐字苦撐下去，早會墮落到雜草叢生的深溝裡！

【人生感悟】

《增廣賢文》中有言：「得忍且忍，得耐且耐，不忍不耐，小事成大。」忍是一種姿態，耐便是姿態的持久，忍加上耐，忍耐便有了實質的意義。沒有了一個耐字，忍便成了無根之樹，無源之水。

世間之事，崎嶇坎坷，危機四伏，沒有耐的功夫，是無法登到高處，走到盡頭的。獨守空房者耐不住寂寞，便會紅杏出牆；為官者耐不住清貧，便會走上貪腐的旁門左道；職場中耐不住上司給穿小鞋，便會關係鬧僵，飯碗弄丟；創事業耐不住艱難困苦，便會後勁不足，甚至前功盡棄。一個「耐」字，確實意味深長。

人們要做成一番大事業，要有一個「耐」字來把握自己的心境。

曾國藩年輕時，說話辦事快言快語，不計後果。但當他年齡稍長之後，便對這個壞習慣深惡痛絕，屢屢在日記中自我批判，強調這是沒有耐性的所為，是缺乏修養的表現。從日記中提到克服內心的浮躁、達到至靜至虛的文字篇幅之廣，論述之巨，我們可以看出，這幾乎成了他的一個心病。

然而，隨著年齡的增長，世事的變遷，曾國藩終於把自己修煉成了另一副樣子：讀書時，一本不讀完，絕不換另一本來翻看，即使沒有什麼興趣，也不會半途放棄；看人時，兩眼緊盯，若有所思，但嘴上絕不說話，一定要等觀察結束時，想好了應對之詞，才慢慢開口，這時的曾國藩顯然已經有了足夠的耐心。

他在日記中說：「缺乏耐心的人總是不能全神貫注地做一件事情。而不能全神貫注做一件事情的根源在於實踐的不多，社會經驗少；同時也是因為自己的志向沒有樹立，決心不夠堅定，缺乏毅力。」

可見，沒有耐心是致命的弱點，它危害人的心智，廢棄人的學問，使人沒有真知灼見。不能專注一志，則對複雜的事物就不知如何選擇，對美好的品質不知如何堅守；雖然讀了不少書，但只算得上遊思雜念，因為你不可能把書中的全部精華都攝入到自己的思想意識中去，更不可能影響自己的世界觀。

所以，不能「耐」的人就不能靜，那麼他就會永遠在患得患失中過日子，根本無法樹立什麼宏遠的志向。只有耐心之人，才有可能將萬般雜事都付於空虛靜寂之中，使心情轉為鎮定，進而踏踏實實地創出一番大事業。

當今之時，人們缺乏耐心是最常見的事，這是因為名利心切，而欲望太多不能一一滿足所致，針對這種情況，養成忍耐的性格十分重要。

成功之時，要耐得住誘惑。站在高處，總有許多危險。只要耐不住，方寸亂了，就可能跌落谷底。

失敗之時，要耐得住寂寞。站在低處，總能看到不一樣的風景。一步一步，一寸一寸，堅韌地踏出步伐，就可能走出困境。

71 恆心與耐心

【原文】

繩鋸木斷，水滴石穿，學道者須加力索；水到渠成，瓜熟蒂落，得道者一任天機。

【譯文】

把繩索當鋸子摩擦久了可鋸斷木頭，水滴落在石頭上時間一久就可貫通堅石，同理，做學問的人也要努力用功才能有所成就；

各方細水匯集在一起自然能形成一道細流，瓜果成熟之後自然會脫離枝蔓而掉落，同理，修行學道的人也要聽任自然才能獲得正果。

【人生感悟】

人若要成就一番事業，有兩點必須做到：一是恆心，二是耐心。

所謂「繩鋸木斷」、「水滴石穿」，即是恆心的勝利。《荀子．勸學》有曰：「不積跬步，無以至千里；不積小流，無以成江海。」

傳說李白少年求學，遇一老婦人在磨鐵棒，要把鐵棒磨成針，李白奇怪地問其原因，老婦人很自信地說：「只要功夫深，鐵棒磨成針。」李白由此得到啟發，刻苦攻讀，後成一代詩仙。

但僅有恆心是不成的，還要有順其自然的耐心。瓜熟方能蒂落，拔苗焉能助長。只求耕耘，不問收穫，才有收穫沉甸甸果實的那一天。

在時間就是金錢的現代社會裡，一切講求快速；放眼望去，吃的是「速食麵」，讀的是「速成班」，走的是「捷徑」，渴望的是「瞬間發財」，以至於造成社會上追逐功利、普遍短視的現象。

老祖宗告訴我們，雞肉要用小火慢慢地燉，才會好吃；拜師學藝，至少三年以上才會有成；任何工匠，講究的是慢工出細活。可是，我們已經把這套寶貴的生活哲學遺忘了。

有個小孩在草地上發現了一個蛹，他撿回家，要看蛹如何羽化成蝴蝶。

過了幾天，蛹上出現了一道小裂縫，裡面的蝴蝶掙扎了好幾個小時，身體似乎被什麼東西卡住了，一直出不來。

小孩於心不忍，心想「我必須助牠一臂之力」。所以，他拿起剪刀把蛹剪開，幫助蝴蝶脫蛹而出；可是牠的身體臃腫，翅膀乾瘦，根本飛不起來。

小孩以為幾小時之後蝴蝶的翅膀會自動舒展開來；可是他的希望落空了，一切依舊，那隻蝴蝶注定要拖著臃腫的身子與乾癟的翅膀，爬行一生，永遠無法展翅飛翔。

大自然的道理是非常奧妙的，每一生命的成長都充滿了神奇與莊嚴，蝴蝶一定得在蛹中痛苦地掙扎，一直到牠的雙翅強壯了，才會破蛹而出。小孩善意的一剪，反而害了牠的一生。

從這個故事裡，我們可體會出「揠苗助長」、「欲速則不達」的真諦。煎熬、磨練、挫折、掙扎，這些都是成長必經的過程。

72 保持自我

【原文】

古德云：「竹影掃階塵不動，月輪穿沼水無痕。」

吾儒云：「水流任急境常靜，花落雖頻意自閒。」

人常持此意，以應事接物，身心何等自在。

【譯文】

古人說：「竹影雖然在台階上掠過，可是地上的塵土並不因此而飛動；月亮的圓輪穿過池水映在水中，卻沒在水面上留下痕跡。」

今人說：「不論水流如何急湍，只要我能保持寧靜的心情，就不會被水流聲所迷惑；花瓣紛紛謝落，只要我的心經常保持悠閒，就不會受到落花的干擾。」

一個人假如能抱這種處世態度來待人接物，不論是身體還是精神該有多麼自由自在啊！

【人生感悟】

有一句俗話叫「心靜自然涼」，說明人在平靜的時候，感覺應該是涼爽的。夏天，人為什麼會感覺煩悶？因為躁熱，越熱心越不能平靜，雖然人的體溫基本保持在37℃左右，但由於心不靜，外在環境給人的影響就佔了上風。真正靜下來，外在的影響消失了，才能找回真實的感覺。

一個人的心處於絕對安靜狀態時，便可以從容思考各種疑難，從容應對多方雜務。我們如果遇到很棘手很困難的事情不妨試試：腦子別有太多的雜念，而且要有意識去排斥各種誘惑、干擾，心思盡可能單純專一，時常保持一種寧靜如水的心態。

可是，現實生活中，卻有許多事讓我們靜不下心來。對金錢、地位的追逐，工作上的不如意，心理的不平衡，別人的閒言碎語等等，無時無刻不在影響著我們的心情，左右著我們的行動。

還有些人在社交生活中為了博得他人的歡心，將自己變成了一條「變色龍」，有時他們還不惜改變自己的立場和觀點，甚至犧牲自己的人格，這實在是一種不可取的處世態度。和自我否定的心理一樣，尋求讚許心理會導致各種自我挫敗行為，從而會使自己喪失生活熱情。

日本哲學家西田幾多郎有一首詩：「人是人，我是我，然而我有我要走的道路。」是啊，我們有我們自己的生活目標和生活方式，如果我們不能選擇自己喜愛的生活方式，走自己想走的路，而是處處要看別人的臉色行事，這無疑是在為別人而活，這樣的活法又有什麼意義呢？為人處世，凡事總想討得別人的歡心，實際上是一種心理乞丐。

改變這種狀況的條件，不僅包括了頭腦聰明，亦須具有「不在乎別人」的那種定力。這種定力，並非人人都能夠做得到。

有這麼一個故事：

白雲守端禪師有一次和他的師父楊岐方會禪師對坐，楊岐問：「聽說你從前的師父茶陵郁和尚大悟時說了一首偈，你還記得嗎？」

「記得，記得。」白雲答道：「那首偈是：『我有明珠一顆，久被塵勞關鎖，一朝塵盡光生，照破山河萬朵。』」語氣中免不了有幾分得意。

楊岐一聽，大笑數聲，一言不發地走了。白雲怔在當場，不知道師父為什麼笑，心裡很愁煩，整天都在思索師父的笑，怎麼也找不出他大笑的原因。那天晚上，他輾轉反側，怎麼也睡不著，第二天實在忍不住了，大清早去問師父為什麼笑。楊岐禪師笑得更開心了，對著因失眠而眼眶發黑的弟子說：「原來你還比不上一個小丑，小丑不怕人笑，你卻怕人笑。」

白雲聽了，豁然開朗。是啊，只要自己沒有錯誤，笑又何妨呢？

也許你還有這樣的感受，做人做事，哪怕是穿一件新衣服，說一句什麼話，都會不自覺地考慮到別人會怎樣看，會不會不高興，總想辦法，盡量按照別人的期望去做，擔心順了姑心失了嫂意，怕別人失望，被別人笑話甚至責罵。對於偶爾未能盡如人意，或聽到背後有人非議自己，就耿耿於懷而不可終日。

其實，一個人將生活的焦點和生命的重心放在看別人的眼光、臉色和喜惡上，千方百計去克忍自己，迎合別人，是非常愚蠢的。且不說千人千性，眾口難調，你不可能滿足所有人的要求，即使能，這樣做也會扭曲自己，最終失去自己的生活樂趣和生命價值。

所以，人最重要的不是在意別人怎麼看你，而是要考慮自己的路該怎麼走，怎麼走才能走得更好。千萬不要按別人的思維來對待自己，對待社會。

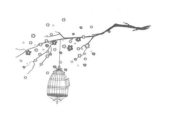

73 以拙處世

【原文】

奢者富而不足，何如儉者貧而有餘；能者勞而俯怨，何如拙者逸而全真。

【譯文】

豪奢的人財富再多也感到不夠用，這如何比得上貧窮節儉而有盈餘的人呢；有才幹之人心力交瘁反而招致大眾怨恨，如何比得上愚笨的人安閒無事而能保全純真本性呢。

【人生感悟】

我們常說能者多勞。但是多勞者未必被他人贊同。孫悟空能幹，降妖除魔，請神摘果，忙個不亦樂乎，能者多勞嘛。不過一路上聽同事八戒的嘮叨也多，聽領導師傅的嗔怪也多，還不時獨享一下緊箍咒。事做得多，當然招來非議、責難也多，所以做事多也會有做事多的不足。

清末民初，有位仁德之士，名叫陶覺，他編著了一本《箴言類鈔》，其中提到：「做人須帶一份憨，一份痴；不憨不能犯大難，不痴無以處濁世。凡患得患失之人，正是太聰明耳。」無論是初涉世事，還是位居高官，無論是做大事，還是一般人際關係，都可參照。

我們在說一個人迂腐的時候，往往講這個人不開竅。不開竅固然不好，但竅開得過多就好嗎？

古時候，南海的大帝叫倏，北海的大帝叫忽，中央的大帝叫混沌。倏與忽經常在混沌的家裡相見，混沌很熱情。於是，倏和忽商量如何報答混沌的深厚情誼。他們商量：「人人都有七竅，用來視、聽、吃和呼吸，唯獨混沌沒有，讓我們為他鑿開七竅吧。」於是他們每日鑿出一竅，鑿到第七日，混沌就一命嗚呼了。

倏與忽好心幫助混沌開竅，卻害死了他，這說明什麼道理呢？說明做人要「大巧若拙」。為什麼呢？因為懂得越多，看得越透徹，要求得到回報的欲望就越高，對社會越不滿，人生就越痛苦。知道得越多就越容易，不斷盤算，把生活變成了生意，計較得失，學會在討價還價中得到樂趣。

曾經有人將世間各色人等，按其精明與否分為四種類型：

第一種是表面看起來老實巴交，對人處事絕不以精明自居，甚而讓人感覺有些傻乎乎，但骨子裡卻是十分精明者。這種人，往往讓人產生一種高度的信任感。這種精明，是最高層次的精明，所謂「大巧若拙，大辯若訥」就是這個意思。

第二種是渾身上下都透著一股機靈勁兒，而內心也確實相當精明的人。但「精明外露」已非上品，不免讓人處處防範，其「精明」的效果也就有限。

第三種是確實沒有什麼真本事，一眼望去就覺得有些痴傻，正因其內外都「傻」，本人既無「自作聰明」之舉，他人對其也全不設防，進而有不忍欺之者，故尚可安居。

第四種是表面看起來很厚道，亦往往自認為精明過人，但實際上是個十足的呆子。此等角色人見人厭，成事不足，敗事有餘。

我們說，再聰明的人都無法完全認清世間萬象，運轉再快的頭腦也跟不上世界萬物的變化。所以，做人不妨「屈」一點，「拙」一點，「訥」一點，這樣才能順應世間萬物，掌握我們自己。

74 有心為善，雖善不賞

【原文】

為惡而畏人知，惡中尤有善路；為善而急人知，善處即是惡根。

【譯文】

一個人做了壞事而怕人知道，這種人在惡性中還保留一些向善之心；一個人做了善事而急於讓人知道，就證明他做善事只是為了貪圖虛名和讚譽，那麼在他做善事時，已種下了可怕的禍根。

【人生感悟】

《聊齋志異》的《考城隍》一節中曾有一段16字箴言：「有心為善，雖善不賞。無心為惡，雖惡不罰。」書中還說，諸神讀到這段話之後「傳讚不已」。

道德修養高的人並非是他做了一件或幾件善事，做好事只是表面現象，而長期的心靈磨練才是他們修身的目標。他們把做善事作為自己修省內心的一種方式，所以並不想讓人知道，而沽名釣譽之輩常以善舉來裝點自己的形象，卻唯恐別人不知道。

孟子說：「羞恥之心人皆有之。」正是由於羞恥之心的存在，人才不至於為惡，能堅守做人的底線。如果一個人沒有了「羞恥之心」，作惡就不知可恥。作惡而知可恥，唯恐被人知道，也就是說還有「羞恥之心」，就證明他還不為大惡，因為無恥之恥才是真正的恥辱，也就是我們所說的「恬不知恥」。

我國古代著名哲學家老子也說過一句類似的話，叫「上德不德，是以有德；下德不失德，是以無德。」就是說一個人要求名求利，立功立德，必須首先從不求名利做起，不能自恃有德，處處表現自己的有德，唯恐失去自己的「善」名，那實則就已失去了德、名。

我們也可以從字面上理解這句話：「上德不德」，做善事是應該的，做到了沒得名氣可撈，別人不曉得你在做善事，我們可以理解為「做善事不是去追求名聲」。這裡省略了兩個字，本意應該是不故意做好事去追求名聲，也就是不為名聲而故意去做好事，這樣才能安心，心平則氣和。為了做好人而做好事，為了讓人家去讚揚，為了讓人家叫我們好人，看到我們做了善事，那就不算善事了。

比如，有很多人捐款救助別人而不留下姓名，不企求任何回報，這就是「為善不欲人知」，這就是真為善。

韓信小時候是個市井流浪兒，當不了官，做不了買賣，常貼著人家吃白食，人們都厭煩這個「嘴上抹石灰」的青年。有一回他在城下釣魚，很多老婦人在那裡漂洗棉絮，有一個老婦人看見韓信沒飯吃，就把自己的午飯分給他一些。就這樣一連漂洗了數十天，韓信跟著那位好心的老婦人吃了數十天飯。韓信非常感激，說以後一定重重報答她，老婦人生氣地說：「男子漢大丈夫不能自己掙飯吃，我可憐你才給你飯吃，哪裡希望你回報啊！」

這位老婆婆不是故意為善，而是出於慈母之愛心，絕不是求回報，真是上德、上善！

所以，不要故意行善，更不要為名或利行善，為人做事要遵循自己的本心。

75 人生苦短，何必計較

【原文】

石火光中，爭長競短，幾何光陰？
蝸牛角上，較雌論雄，許大世界？

【譯文】

在電光石火般短暫的人生中爭長爭短，究竟還有多少時間？在蝸牛觸角般狹小的空間裡你爭我奪，究竟有多大世界呢？

【人生感悟】

這個世界本來就不大，再加上人生苦短，使得許多明爭暗鬥顯得沒有意義。無論誰勝誰負，到頭來還不是一場空，反而影響了我們一生的趣味。

比如為了自己的某個意見不被人接受，為了某種觀點沒被人採納，非要和人爭得臉紅脖子粗。別人只有贊成和同意的份，不可有疑義。如果人家聽了你的說服的話，立刻點頭叫好，改弦易轍，並稱讚你「一言驚醒夢中人」，這自然是最妙不過的。實際上，這種情況並不多見。

別人的看法、想法、做法，不是一天形成的。「冰凍三尺，非一日之寒」，因此，要對方改變看法也絕非一日之功。相反，即使他當時表示了心悅誠服，你還要讓他回去好好考慮。因為積習難改，當面服了，回去細想可能還會出現反覆。

但是，如果我們面對對方咄咄逼人的態度，不做任何反應，那麼對方的觀點其實並沒有強加於我，只不過他自己那麼認為罷了。

釋迦牟尼曾經遭到一個人的嫉妒和謾罵。對此，他心平氣和，沉默不語。

有一次，當這個人罵累了以後，釋迦牟尼微笑著問：「我的朋友，當一個人送東西給別人，別人不接受，那麼，這個東西是屬於誰的呢？」

這個人不假思索：「當然是送東西的人自己的了。」

釋迦牟尼說：「那就是了。到今天為止，你一直在罵我。如果我不接受你的謾罵，那麼謾罵又屬於誰呢？」這個人為之一怔，啞口無言。

從此，他再也不敢謾罵釋迦牟尼了。

我們能在辯論中獲勝嗎？永不可能，因為假如我們辯論輸了，那便是無話可說；就算是贏了，一樣也是「輸」。為什麼呢？假如我們贏了對方，把他的說法攻擊得體無完膚，那又能怎樣呢？我們如果得到一時的勝利，那種快感也維持不了多久。

相反的，如果對方在爭辯中輸了，必然會認為自尊心受損。日後找到機會，必然會是報復。因為一個人若並非自願，而是被迫屈服，內心仍然會堅持己見。

許多爭鬥都和辯論一樣，最終的結果是沒有勝者，輸掉的是我們的人生。

76 盡人事，聽天命

【原文】

人之際遇，有齊有不齊，而能使己獨齊乎？己之情理，有順有不順，而能使人皆順乎？以此相觀對治，亦是一方便法門。

【譯文】

每個人的際遇各有不同，機運好的可施展抱負成就一番事業，機運壞的雖才華卓越卻一事無成。在各種不同的境遇中，自己又如何能要求特別待遇呢？每個人的情緒各有不同，因為情緒有穩定的時候，也有浮躁的時候，自己又如何能要求別人事事都跟你合作呢？假如自己能平心靜氣來觀察，設身處地反躬自問，這也是一個領悟人生的修養途徑。

【人生感悟】

楊布問他哥哥楊朱說：「有兩個人年齡相近，面貌相似，可是他們卻一個長壽富貴，美名遠揚；一個卻短命貧賤，惡名昭彰。為什麼？」

楊朱告訴他：「生死有命，各有不同，你可以任意而為。你想拚命追求，沒有人會阻止你，也沒有人會反對你。日出日落，各忙各的，誰知道為什麼他會那樣？說白了，這一切都是命啊！」

曾國藩曾經說過：「大命由天定」。這話在唯物主義者看來，當屬「宿命論」，但許多與生俱來的東西確實是無法或者非常難以改變的。

命，這冥冥之中的力量，誰也無法證明它的存在和不存在，但人還是習慣於用自己的人生經驗對它進行猜想與反駁。事實是這樣的：當一個人身處逆境時，他常常相信命運；當一個人身處順境時，他往往忘記命運；命運就對那些相信命運的人發生效力。

命運是什麼？命運就是一個人的心理承受力、一個人的選擇。一個人做了些什麼事，他就會成為一個什麼樣的人，命運不會欺騙他。

然而，人們在小的時候往往是不大相信命運的，覺得凡事只要努力，總會有所收穫，就像曾經流行的口號：人定勝天。漸漸長大，遇到了許多天逆人願、力所難及的事，才覺得命運不全掌握在自己手中。

生不由你，生在什麼地方不由你，生為男人女人不由你，生於貧家富家不由你，從而在某種程度上決定了你的人生起點不由你；死不由你，古代多少帝王將相夢想長生不老，最終不過南柯一夢；有的人天生麗質，人見人愛；有的人歪瓜裂棗，羞於見人。有的人吃得再多也不發胖，有的人只喝水也能長肉。人的許多疾病，細究根源，多多少少都與遺傳基因有關，而遺傳基因是自己能決定的嗎？

但這一切都不是關鍵之處，《菜根譚》這段話告訴我們，作為一個修身自省的人來講，無論處於什麼樣的環境，我們都要「相觀對治」，不能因為個人的「順與不順」、「齊與不齊」來要求別人，要由別人的情緒、機遇來反觀自己，由此會更加明白事理，提高修養。

也就是，儘管天命不同，我們還是要盡人事，用自身的努力去改變，而不是只知道抱怨。

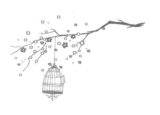

77 10.在大功大過面前，怎樣保護自己

【原文】

蓋世功勞，當不得一個矜字；彌天罪過，當不住一個悔字。

【譯文】

一個人即使立下了舉世無雙的汗馬功勞，如果他恃功自傲自以為是的話，他的功勞很快就會消失殆盡；一個人即使犯下了滔天大罪，卻能夠浪子回頭改邪歸正的話，那麼他的罪過也會被他的悔悟洗淨。

【人生感悟】

老子說：「福兮禍之所扶，禍兮福之所倚。」很多時候福禍是可以相互轉換的，最關鍵的要看你怎麼做。

為國家樹立大功，並且是天下萬民崇敬的英雄人物們，若是一味誇耀自己的功勳，內心持

有一個『矜』字，那麼福就會轉換為禍。不信，請翻閱歷史，看看那些立大功的人有幾個是善終的。可以為我們榜樣的大約有兩人：一是唐朝的郭子儀，一是清朝的曾國藩。

以曾國藩為例，太平天國起義差點讓清王朝顛覆，文官出身的曾國藩挺身而出組建湘軍，屢戰屢敗、屢敗屢戰，最終攻克金陵，取得了最後的勝利。

打下南京後，曾國藩並未感到春風得意或飄飄然。相反，他卻感到十分惶恐，更加謹慎。他在這個時候想得更多的不是如何欣賞自己的成績和名利，而是擔心功高招忌，恐遭狡兔死、走狗烹的厄運。他甚至在信中對被封為侯爵的弟弟曾國荃說「功成身退，愈急愈好」，自己則首先上表朝廷請辭兩江總督，解散湘軍。

正是因為曾國藩有自知之明，任何時候任何情況下都能擺正自己的位置，所以才能保全自己，並創造了曾家百年的輝煌。

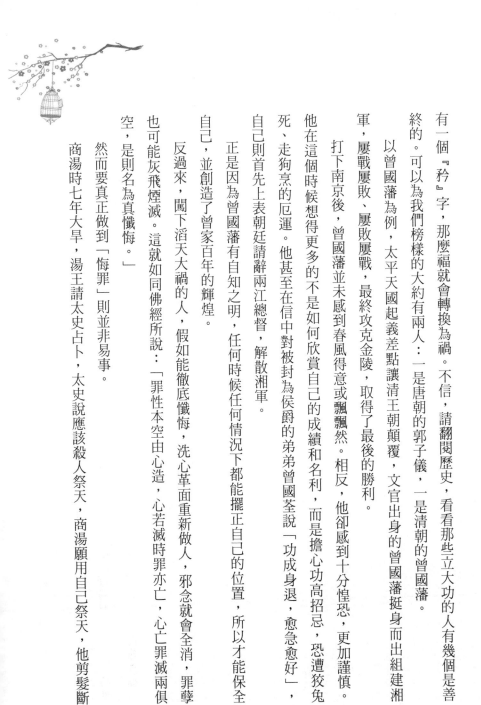

反過來，闖下滔天大禍的人，假如能徹底懺悔，洗心革面重新做人，邪念就會全消，罪孽也可能灰飛煙滅。這就如同佛經所說：「罪性本空由心造，心若滅時罪亦亡，心亡罪滅兩俱空，是則名為真懺悔。」

然而要真正做到「悔罪」則並非易事。

商湯時七年大旱，湯王請太史占卜，太史說應該殺人祭天，商湯願用自己祭天，他剪髮斷爪歷數自己六條罪狀，話才說完，方圓幾十里都降下大雨解除了旱情。

所以，過去有一句話說：「憎恨罪，不憎恨人。」因為犯罪的人也具有善根，如果能發動善心，改過向善，就變成無罪的人了。最不好的莫過於存罪而不知悔過自新，不能重新做一個正大光明、行為磊落的人，這才是莫大的恥辱啊！

總之「矜」字、「悔」字，是人們在大功大過面前保護自己的手段。

78 行百里者半九十

【原文】

恩裡由來生害，故快意時須早回首；

敗後或反成功，故拂心處莫便放手。

【譯文】

身處順境被主人恩寵，往往會招來禍患，所以一個人志得意滿時應該見好就收，盡早覺悟；

遭受挫敗後有時反而會使一個人走向成功之路，因此不如意時，千萬不可就此甘休，放棄追求。

【人生感悟】

得意時早回頭，失敗時別灰心，這是人們根據長期生活累積而得到的經驗之談。

有這樣一個故事：兩個年輕人一起挖金礦，開始時，他們都抱有堅定的信念——不挖出金子絕不放棄。兩人從黎明挖到黃昏，又從黃昏挖到黎明，沒日沒夜地幹，手磨出了血，腳磨出了泡。這天，一隊人馬經過，說是山那頭有人挖出了石油，其中一人再也按捺不住了，說哪有什麼金子啊，不幹了，去那頭採石油。另一個人什麼也沒說，繼續埋頭幹他的活兒。

結局是放棄的那個人沒採到什麼石油，更別提金子了，就這樣兩手空空回了家；而堅持下去的那個人，捧著金子樂開了花。相似的故事似乎並不少見，我們也總能清晰地悟出道理，但真輪到自己，又是那麼地沉不住氣。

你寧可總是後悔，也不願意試一試自己能否轉敗為勝？然而，我們卻常常在不該打退堂鼓時拚命打退堂鼓，為了恐懼失敗而不敢嘗試成功。我們在本該放手一搏的時候，卻猶豫徬徨。

我們不願意再試一下，是因為不相信奇蹟。就像故事中的年輕人，自以為付出了足夠多的汗水，卻依然得不到回報，於是他開始陷入絕望，以為再努力也只是徒勞。他不知道金燦燦的財寶就在不遠處閃光，等待著他去發現，而我們在許多時候，也像這沒自信的年輕人一樣，不知讓多少金子在眼前白白流走。

一個拳擊手曾經說：在受到對手猛烈重擊的情況下，倒下是一種解脫，或者說是一種誘惑。每當這時候，我就在心裡對自己吶喊：挺住，再堅持一下，再堅持一下！因為只有我不倒下，才有取勝的可能。

「行百里者半九十」，最後的那段路，往往是一道難越的門檻，因為在我們歷盡艱辛心力交瘁的時候，即使一個小小的變故或者障礙都有可能把我們擊倒。這個時候，意志就顯得至關重要了。

79 千古人情是一理

【原文】

飢則附，飽則颺；
燠則趨，寒則棄。
人情通患也。

【譯文】

窮困飢餓時就投靠人家，吃飽喝足了就遠走高飛；當人有錢時就跑去巴結，當人貧窮時就棄置不顧。這令人作嘔的卑污行為，正是世人容易犯的毛病！

【人生感悟】

從古至今，嫌貧愛富趨炎附勢，人之常情、世之通病。好像經濟槓桿也成了人際交往的法則。這樣的事例太多了。

蘇秦是戰國時期時著名的縱橫家，他師從鬼谷子，學成之後，遊歷天下。最初遊說秦王得不到任用，潦倒之際，回到家鄉。當時，蘇秦盤纏耗盡，破布紮著綁腿，腳蹬著草鞋，背著破包袱，挑著舊書箱，憔悴不堪，面目黧黑，悽愴回家，真是淒慘至極！

蘇秦渾身疲憊地走進家門，妻子繼續織布，連看都不看他一眼，嫂子連飯都懶得給他做，父母更是連話都不願與他說。此時的蘇秦，面對家人的冷落，選擇了繼續苦讀，準備再次出山。

後來蘇秦遊說趙王，獻合縱之策，破連橫，以抗秦，與趙王抵掌而談，趙王大悅，用其計謀，封授相印，革車百乘，錦繡千純，白璧百雙，黃金萬鎰，蘇秦一夜成名，名利雙收。

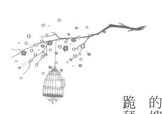

當他再次路過洛陽，還未到家門口，父母就修好了房子，清掃了門口的道路，敲鑼打鼓，擺上酒席，遠迎三十里，妻子畢恭畢敬，洗耳恭聽，認真聽取他的教誨。最有意思的是蘇秦的嫂子，她像蛇一樣在地上爬行，匍匐不起，自知理虧，竟不顧長幼之禮，為她此前的所為跪拜謝罪。

家人都如此，朋友更是這樣了。

是不是真正的朋友，風平浪靜的時候也許看不出來，患難的時候自然就檢驗出來了。當你地位變了的時候，要重新審視你的朋友。當一個人落魄時，他的朋友便發生了分化，利益之交別去，道義之交一如既往，甚至比平時待他更好，以更多的熱情幫助他。正所謂「一貴一賤，交情乃見；一貧一富，世態乃露。」

《史記．孟嘗君列傳》也記載了類似的一件事情：

自從齊王因受譭謗之言的蠱惑而罷免了孟嘗君，那些賓客們都離開了他。後齊王召回並恢復了孟嘗君的官位，馮諼去迎接他。

還沒到京城的時候，孟嘗君深深感嘆說：「我素常喜好賓客，樂於養士，接待賓客從不敢有任何失禮之處，有食客三千多人，這是先生您所瞭解的。賓客們看到我一旦被罷官，都背離我而去，沒有一個顧念我的。如今靠著先生得以恢復我的宰相官位，那些離去的賓客還有什麼臉面再見我呢？如果有再見我的，我一定唾他的臉，狠狠地羞辱他。」

聽了這番話後，馮諼收住轡繩，下車而行拜禮。孟嘗君也立即下車還禮，說：「先生是替那些賓客道歉嗎？」馮諼說：「並不是替賓客道歉，是因為您的話說錯了。說來，萬物都有其必然的終結，世事都有其常規常理，您明白這句話的意思嗎？」

孟嘗君說：「我不明白您的意思。」馮諼說：「活物一定有死亡的時候，這是活物的必然歸結；富貴的人多賓客，貧賤的人少朋友，事情本來就是如此。您難道沒看到人們奔向市集嗎？天剛亮，人們向市集裡擁擠，側著肩膀爭奪入口；日落之後，經過市集的人甩著手臂連頭也不回。不是人們喜歡早晨而厭惡傍晚，而是由於所期望得到的東西市中已經沒有了。如今您失去了官位，賓客們都離去，不能因此怨恨賓客而平白截斷他們奔向您的通路。希望您對待賓客像過去一樣。」

正所謂「狗尿槐樹，人敬財主」。在世俗人的眼裡，有錢就是好漢爺，人情就是勢利。但這並不說明君子對此的認可。這與現實中人們的交往需要、感情交流是相悖的，因為在金錢驅動下的人際關係是難有真情流露的。人們在無奈中盼望一種真誠，盼望一種淡泊，正和上述語錄相對應，而成為人際交往的警語。

80 君子慎其獨

【原文】

肝受病則目不能視，腎受病則耳不能聽；病受於人所不見，必發於人所共見。故君子欲無得罪於昭昭，必先無得罪於冥冥。

【譯文】

肝染上疾病，眼睛就看不見；腎染上疾病，耳朵就聽不清。病雖生在看不見的內臟，但症狀卻發作於能見的地方。所以君子要想表面沒有過錯，必須從看不見的細微處下慎獨功夫。

【人生感悟】

漢代枚乘《上書諫吳王》：「欲人勿聞，莫若勿言；欲人勿知，莫若勿為。」要想人家不知道，除非自己不去做，做了壞事終究會暴露。所以儒家教人修養品德，必須要從慎獨功夫做起。所謂慎獨，就是指在別人看不見聽不到的情況下，也絕對不做任何見不得人的壞事。

正如《菜根譚》所說，假如一個人肝臟出現了問題，那麼視力也會受到牽扯，假如腎功能出了問題，也會影響到耳朵的聽力，雖然病變的內部別人看不見，但是疾病影響到的部位，別人是能夠看得見的。所以，假如自己做了什麼事情，希望別人不知道那是不可能的，所以有了那句話「若要人不知，除非己莫為」。

古人講修身不是說表面上讓自己完善，無懈可擊，關鍵是對自我道德的完善，也就是我們所說的問心無愧。他們認為，人欲無錯、無禍於世，不能只是外表的完善，關鍵是內心不能有犯罪的念頭。別以為黑暗可以成為罪惡的溫床，所謂天知、地知、你知、我知。

其實，這才是君子的聰明過人之處。

歷史上這樣的聰明人很多。春秋時期，魯國有一位宰相，名叫公儀休，非常明智，他懂得勤政廉潔是本，職位俸祿是末。他心裡明白，他人送禮給他是因為他有職權，想從他的職權中得到好處，而他的職權又是由他的勤政廉潔、為國效忠獲得的。因此在位期間，公儀休從不接受別人送來的禮品，由此美名遠揚。

公儀休有一個愛好，就是非常喜歡吃魚，所以魯國有一些為了謀求個人利益的人，爭先恐後地買好魚來送給他。一日，就有人投其所好給他獻上了一條魚。按今人的「理解」，一個堂堂相國，收人一條魚算什麼，讓人直接拎到廚房去得了。可是，出乎我們意料的是，他竟然堅決不受，來人最後只好把魚帶回去。

公儀休有個弟弟，看在眼裡，就跑去問公儀休：「大哥不是很喜歡吃魚嗎？他們既然誠心送給你，為什麼不收呢？」公儀休笑了笑，說：「我正是因為喜歡吃魚，才堅決不接受這條魚的。你想，如果我今日收下了這條魚而導致有朝一日丟了相位，雖然我喜歡吃魚，卻再也不能靠自己的俸祿買魚吃了。如果我不收這條魚，保住自己的相位，就能夠長久地靠自己的俸祿買魚吃。」

他的弟弟聽了公儀休的這一番話，十分佩服哥哥的為人，更對哥哥的智慧佩服得五體投地。

慎獨是人生修養的較高境界，《大學》中寫道：「小人閒居為不善，無所不至，見君子而後厭然，掩其不善，而著其善。人之視己，如見其肺肝然，則何益矣。此謂誠於中，形於外。故君子必慎其獨也。」意思是說：「那些沒有道德修養的人，在閒居獨處的時候，無論什麼壞事都做得出來。當他們見到那些有道德修養的人，卻又躲躲藏藏企圖掩蓋他們所做的壞事，而裝出一副似乎做過好事的模樣，設法顯示自己的美德。每個人來看自己的時候，都像能看到肝肺一樣（直視內心），（自欺的結果只能是底氣不足），那麼（自欺）還有什麼用嗎？這就叫做內心的真誠會直達外表，所以君子一定會真誠面對自己。」

在這個物欲橫流的現實社會裡，要做到並非易事，需要不斷地追求和努力實踐，在以下幾方面做出努力：

首先要律己。要從細微的小事情做起，不論人前人後，都要從大處著眼，小處著手。勿以惡小而為之，勿以善小而不為。嚴格按照法律和道德的規範去做。

其次要自重。要想得到別人的尊重，首先要尊重自己。試想，一個不尊重自己的人，會得到別人的尊重嗎？

再次是知錯能改。陶覺說，犯錯是一錯，不知錯又是一錯，有錯不改是錯上加錯。人非聖賢，孰能無過。一個人難免偶露劣性，違反規則，出現錯誤，重要的是認知和改正錯誤。

81 不要自恃聰明

【原文】

魚網之設，鴻則罹其中；螳螂之貪，雀又乘其後。機裡藏機，變外生變，智巧何足恃哉。

【譯文】

本來是張網捕魚，不料鴻雁竟碰上落在網中；貪婪的螳螂一心想吃眼前的蟬，不料後面卻有一隻黃雀想要吃牠。可見天地間事太奧妙，玄機中還藏有玄機，變幻中又會發生另外的變幻，人的智慧計謀又有什麼可仗恃的呢？

【人生感悟】

孔子認為，一個人應該「盡人事，聽天命」。因為，對於人來講，不可知的東西太多了，許多事往往用盡心思仍一無所得。而在生活中，所謂「螳螂捕蟬，黃雀在後」的事情也不少。

《莊子》裡有這樣一則寓言：

莊子在雕陵栗樹林裡遊玩，看見一隻奇異的怪鵲從南方飛來，翅膀寬達七尺，眼睛大若一寸，碰著莊子的額頭而停歇在果樹林裡。

莊子說：「這是啥鳥呀？翅膀大而不能遠飛，眼睛大而目光遲鈍。」於是提起衣裳，快步走過去，拿著彈弓窺伺牠的動靜。

這時，忽見一隻蟬兒，正得著美葉蔭蔽，完全沉浸在大自然之中；說時遲，那時快，有隻螳螂藉著樹葉掩蔽著，伸出臂來一舉而捕住蟬兒，螳螂意在捕蟬，見有所得而顯露自己的形跡；恰巧這隻怪鵲趁牠捕蟬的時候，攫食螳螂，怪鵲見利而不覺自己性命的危險。

見了這個場面，莊子不覺心驚，警惕著說：「唉！物與物互相累害，這是由於兩類之間互相招引貪圖所致！」

想到這裡他趕緊扔下彈弓，回頭就跑。恰在此時，看守果園的人以為他偷果實，便追逐著痛罵他。

這個故事告訴我們：成心謀算他物，自以為聰明，結果卻招引別物來謀害自己。因而，只有剷除心計，不耍小聰明，才能免於捲入物物競逐的循環爭鬥中。

《紅樓夢》有一個人物，就是聰明反被聰明誤的典型。這個人就是王熙鳳。

王熙鳳，賈璉之妻，王夫人的內姪女。在賈府算是一個八面玲瓏的人物，她想盡各種辦法，使用種種計謀，想使賈府振興起來，或者至少維持著大家的局面，同時也積攢些家私。然而她的努力，她的「鞠躬盡瘁」，卻換來了賈府上下人的一片不滿，最終也沒有使賈家有什麼起色，死後甚至連女兒也保不住。

「於世路上好機變，言談去得」，「心性又極深細，竟是個男人萬不及一的。」「少說著只怕有一萬心眼子，再要賭口齒，十個會說的男人也說不過她呢！」「從小兒大妹妹玩笑時就有殺伐決斷，如今出了閣，在那府裡辦事，越發歷練老成了。」「真真泥腿光棍，專會打細算盤」，「天下人都叫你算計了去」，「嘴甜心苦，兩面三刀。」「上頭笑著，腳底下使絆子。」「明是一盆火，暗是一把刀。」她都佔全了。這些熟悉鳳姐為人的各色人等對鳳姐的評價，活脫脫展現出了一個機關算盡太聰明的人物。然而，就是這樣一個十分精明的人物，卻落得孤家寡人，身心勞碌至死，最終又一無所得的下場。

王熙鳳雖然有無與倫比的治家才能，也有應付各色人等的技巧，但也正因為她的聰明造成了她結局的悲涼。

再看李紈，是那種恪守婦道、平平淡淡過日子、獨善其身的傳統淑女典型。一生並不轟轟烈烈，也不勞心竭力，卻落得乾淨自在，人緣好，因為有個好兒子賈蘭而最終鳳冠霞帔，結局是金陵十二釵中最好的。這正應了鄭板橋的一句話：「試看世間會打算的，何曾打算得別人一點，真是算盡自家耳！」

把人看清楚了，各個側面都看到了，你才會發現一個真實的人，只有這樣，你才不會被蒙蔽，從而避免「引奸人進身」的危險。

82 再富也不能富孩子

【原文】

生長富貴叢中的，嗜欲如猛火，權勢似烈焰，若不帶些清冷氣味，其火焰不至焚人，必將自爍矣。

【譯文】

生長在富豪權貴大家族中的人，不良的嗜好欲望如猛火般熾烈，顯赫的權勢地位如烈焰般灼人。如果不加節制反省而毫無收斂，不及時給他一點清涼冷淡觀念來緩和一下，那猛烈的欲火即使不使他粉身碎骨，早晚有一天也必然會引火自焚。

【人生感悟】

古語說：「自古英雄多磨難，從來紈綺少偉男。」生長在富貴之家的人，過著榮華富貴的生活，但是他們心裡仍然沒有感到滿足，總是希望比現在的條件更好，比如有了吃的就想要穿的，而且吃的要更好，穿的要更高檔貴重，有了房子又想要別墅……

如果沒有一個良好的道德水準，沒有一定的理智和道德修養來緩和一下各種強烈的欲念，那人就會隨心所欲，為非作歹，聲色犬馬，盡情作樂，不但危害社會，也必然會使自己走向毀滅之途。從這個意義來說，欲念好比是烈火，

理智好比是涼水；涼水可以控制烈火，理智可以控制欲念。所以，對於生長在富豪權貴大家族中的人，要有所控制，不能任其發展。

在這方面，曾國藩可以說是楷模。

曾國藩在京城的時候，經常看到王公貴族生活奢侈、腐化，揮霍無度，胸無點墨，且目中無人。所以，他不讓自己的孩子住在北京、長沙等繁華的城市，而要他們住在老家。並告誡他們：飯菜不能過分豐盛；衣服不能過分華麗；門外不准掛「相府」、「侯府」的匾；出門要輕車簡從；考試前後不能拜訪考官，不能寫信給考官等等。因此，他的子女沒有因為自己的父親是曾國藩而驕橫奢華，反而更擔心自己的言行不夠檢點、學識不夠淵博而損害自己父親的聲譽。所以他們自覺磨礪自己，迎難而上，奮發圖強。

現實生活中，隨著生活水準的提高，名牌消費、攀比消費、奢侈品消費進入大家的視野。受到父母盲目消費的影響，孩子也容易亂花錢，不懂得節制，結果很容易養成奢侈的消費行

為。

父母只有以身作則，把簡樸的生活作風教給自己的孩子，才能讓他們遠離貪圖享受的價值追求，成為勤奮、刻苦、能做大事的人。

（1）父母要注意在生活中勤儉節約，給孩子發揮模範帶頭作用。比如，在飲食、服裝等消費上，父母要做到節儉、不浪費，這樣孩子才能耳濡目染，逐漸養成簡樸的生活方式。

（2）要讓孩子對物質生活容易滿足，把主要精力放到學習、交友、愛好上來。實際上，孩子本身對物質生活並沒有大人那樣的迷戀，他們更在意的是遊戲、快樂。所以，父母要讓孩子多交朋友，享受精神上的快樂。

（3）讓孩子合理支配自己的零用錢，給他們提供良好的建議。比如，給孩子零用錢以後，要讓他們知道應花掉多少，應儲存多少，具備勤儉節約的意識。

實際上，讓孩子養成簡樸的生活方式，最終的目的是讓他們身心健康地成長。

83 英雄不問出處

【原文】

糞蟲至穢，變為蟬而飲露於秋風；腐草無光，化為螢而耀彩於夏月。因知潔常自污出，明每從晦生也。

【譯文】

糞土裡所生的蟲是最髒的蟲，可是一旦蛻化成蟬後卻只喝秋天潔淨的露水。腐敗的野草本來不會發光，可是它孕育出的螢火蟲，卻能在夏天的夜空中發出耀眼的光彩。由此可知，潔淨的東西常常是從污穢中產生，而光明的事物常常在黑暗中出現。

【人生感悟】

俗話說得好，「好漢不怕出身低」，「將相本無種，男兒當自強」。可見一個人不必為了環境不好而苦惱，關鍵是要自強、自尊、自愛、自律，才有可能實現自我。

古今中外，英雄大都起於草莽！早年劉邦斬白蛇起義，建不世之功，基業數百年，手下人才如雲。對一個有所作為的人來講，應具備這樣一種認知：出身卑微不決定人一生成就的大小，不能因此自艾自怨，而要想方設法去改變命運的安排。

英雄不問出身，老子說：「善用人者，為之下。」漢武帝大膽啟用出身卑微的衛青和霍去病就是一個很好的例子。

當時的漢王朝，邊境不穩，時時遭受匈奴人的侵擾。作為遊牧民族的匈奴，幾乎把農耕為生的漢朝當成了自己予取予求的資源地，燒殺擄掠無所不為。而面對這樣的局面，以往的中原無力從根本上改變，更多的時候只能寄希望於以和親以及大量的「陪嫁」財物買來暫時的相對平安。

雄才大略的漢武帝希望改變這樣的形勢，但前提是要找到能夠領軍平定匈奴的人才。

衛青的母親在平陽公主的夫家做女僕，因丈夫姓衛，她就被稱為衛媼。丈夫死後，她仍在平陽侯家中幫傭，與同在平陽侯家中做事的縣吏鄭季私通，生了私生子衛青。

霍去病是平陽公主府的女奴衛少兒與平陽縣小吏霍仲孺的結晶，這位小吏不敢承認自己跟公主的女奴私通，於是霍去病只能以私生子的身分降世。衛青就是霍去病的舅舅。

西元前139年春，衛青的姐姐衛子夫被漢武帝選入宮中，衛青也被召到建章宮當差。後來被漢武帝啟用。

元光五年（西元前130年），衛青拜車騎將軍，和另三員將領各率一支軍隊出塞。在這一次出兵過程中，四路大軍出塞三路大敗，尤其離譜的是老將李廣竟然被匈奴所擄，好不容易才逃歸。反而是第一次出塞領兵的「騎奴」衛青，出上谷直搗龍城，斬敵七百，衛青的軍事天才使漢武帝刮目相看，從此他屢屢出征，戰果累累。

在衛青建功立業的同時，霍去病也漸漸地長大了，在舅舅的影響下，他自幼精於騎射，雖然年少，卻不屑於像其他王孫公子那樣待在長安城裡放縱聲色享受長輩的蔭庇。他渴望殺敵立功的那一天。

元狩二年（西元前121年）三月，漢武帝以霍去病為驃騎將軍，令其率領一萬騎兵，反攻進迫河西（今甘肅武威、張掖、酒泉一帶）的匈奴軍，決心以強有力的騎兵部隊打通西域的道路，解除長安側翼威脅。年僅二十歲的霍去病接受任務後，立即出發。他率軍穿過烏鞘嶺，跨過狐奴河，一路猛衝猛殺，超越焉耆山（又稱焉支山，今甘肅民樂縣東）千餘里，殺死匈奴盧胡王、折蘭王，俘虜渾邪王子及相國、都尉等，共殲敵九千多人。渾邪王、休屠王等隨敗軍遠逃。這是霍去病第一次單獨率軍進行的深遠作戰，初步摸索了騎兵集團遠距離奔襲的經驗，為日後全面反擊匈奴的漠北之戰奠定了基礎。

漢武帝為了擴大戰果，決心繼續作戰，徹底消滅河西匈奴軍。這年夏季，武帝再次派遣霍去病並增以公孫敖，率騎兵數萬由北地（郡治在今甘肅環縣東南）出發，向河西進攻；另以張騫、李廣率騎兵萬餘，從右北平出發，進攻匈奴左賢王。

霍去病和公孫敖由北地分道出發後，公孫敖由於迷失方向未能參加作戰。霍去病按預定計畫繼續前進。他根據匈奴軍飄忽不定、進銳退速的特點，決定避開敵軍正面，而以迅速的行動楔入西北，繞到敵軍側翼，經居延澤（內蒙古額濟納旗東）向東南突擊，在祁連山麓與渾邪王、休屠王的軍隊展開激戰，獲得大勝。單恆王、酋塗王等兩千五百人投降，俘虜王子、相國、將軍、都尉等百餘人，共殲敵約三萬餘人。

這次作戰，霍去病以驚人的膽略，在無後方支援和其他部隊配合的情況下，充分發揮騎兵作戰的特點，突飛猛進，靈活機動，深入匈奴軍側後兩千餘里，消滅匈奴軍於祁連山麓，取得了河西之戰的重大勝利，也創造了我國古代騎兵作戰的典型戰例。

衛青和霍去病的墓至今仍然矗立在茂陵旁邊，茂陵就是漢武帝的陵墓。墓前的「馬踏匈奴」石像，象徵著他們為國家立下的不朽功勳。

所以一個人不必為了自己出身卑賤而感到自卑，更不要為生活環境困難而苦惱。那些說明不了什麼，也不是你今後生活的決定因素。

84 身在事外人自清

【原文】

議事者身在事外，宜悉利害之情；
任事者身居事中，當忘利害之慮。

【譯文】

評論事物得失，以超然的身分置身事外，就能瞭解掌握事情的始末通曉利害；反之，如果以當事人的身分而置身事中，就要暫時忘懷個人的毀譽，才能專心策劃並推動所擔負的任務。

【人生感悟】

蘇軾曾寫過一首詩《題西林壁》：

橫看成嶺側成峰，遠近高低各不同。

不識盧山真面目，只緣身在此山中。

俗話說：當局者迷，旁觀者清。當局者為什麼迷？就是因為身處其中，精力都被吸引到事情的某個方面，著眼於某個局部。旁觀著為什麼清？就是因為他身在事外，頭腦比較冷靜，能夠看清事物的來龍去脈，或者說是事件的全部。所以，當你身陷困惑之時，千萬要慎之又慎。

一個人在河水中不要靠近漩渦，因為那股強大的力量會把我們毀滅。在社會生活中，到處都有暗流洶湧的是非，我們也要遠離這些事端，做到置身事外，才能保護自己、減少麻煩。

春秋戰國時期是一個軍事鬥爭頻繁的年代，大家為了各自的利益相互交戰，彼此的利益糾葛非常複雜。

有一年，韓、趙兩國爆發了戰爭。正在打得火熱的時候，雙方都想到了向別的國家借兵的策略。更令人驚奇的是，他們竟然都想到了魏國。魏文侯一口回絕了韓、趙兩國的要求，就這樣，兩國的使者無精打采地返回。

魏文侯雖然拒絕了兩國借兵的要求，但是也擔心因此得罪他們，給自己招致更大的禍害。於是他分別派使者到兩國進行勸服和調停工作，努力說服雙方平息戰火，建立和平的關係。事實上，韓、趙兩國都沒有實力打敗對方，正處於僵持的局面；看到魏文侯化干戈為玉帛的情誼，既感激對方的熱心，又給自己找到了罷兵的藉口，於是兩國停止了爭戰。

魏文侯不向韓、趙兩國借兵，不僅保存了自己的力量，也避免了對他國造成傷害，這種置身事外的策略是非常正確的，也取得了很好的效果。此外，魏文侯還以公平的立場調停雙方，使戰爭演變成和平共處，這種做法更為難得。

「不識廬山真面目，只緣身在此山中。」任何時候，要想看清事情的真相，都要想辦法置身事外，冷靜思考。

85 功成身退乃天之道

【原文】

謝世當謝於正盛之時，居身宜居於獨後之地。

【譯文】

一個人如果想不再過問世事，最好在事業輝煌時急流勇退，因為這樣才能保全你的名節；一個人平時修養自己的心性，最好去與世無爭的清靜地區，因為這樣才能使你收到實效。

【人生感悟】

《道德經》第九章中有言：「功成名遂身退，天之道。」

「功成名就」固然是好事，但處理不好也會引發禍端。凡事發展到頂峰，隨後而來的就是衰退和敗落，聰明的人不會貪圖虛榮，放不下功名利祿這些身外之物。否則便會招致災禍。

因而奉勸人們趁早罷手，見好即收。在事情做好之後，不要貪戀權位名利，而要收斂意欲，急流勇退。

急流勇退是一種睿智的生活態度，君子所看重的不在結果的功成名就，而在過程中的盡力而為。

對「功成身退」的理解，古人是頗深的，得益於此的更是不乏其人。

西漢人疏廣，任太子太傅。疏廣哥哥的兒子疏受，任太子少傅。任職五年以後，疏廣對疏受說：「我聽人說過，知道滿足的人不會受到侮辱，也不會遭受危險，成就了功名隱退，這是一種明智之舉。而今你我已功成名就，現在不離開，恐怕是會後悔的。」

他們叔姪二人以身體有病為名，向皇帝上書，請求告老還鄉養病，回家安度晚年。皇帝同意了，並賜給他們黃金20斤，太子賜給他們黃金50斤，大臣和朋友們在京城外舉行送別儀式，送他們的共有100多輛車子。路上看熱鬧的人都說：「這兩位大夫，真是賢明之人。」

功成業就了就抽身隱退，這樣才合乎自然界的法則和規律。只知道前進，而不知退守之意，那就極有可能會盛極而衰。寒盡暑來，變化更替不止，這是自然界的變化規律。然而有些人處在鼎盛時期不知及時醒悟，結果如羊撞在藩籬上一樣，進退兩難。

比如秦國丞相李斯即是如此。李斯在秦國為官，已經做到丞相之位，可謂富貴集於一身，曾經叱吒風雲，不可一世，然而最終卻做了階下囚。

臨刑時，他對兒子說，「吾欲與若復牽黃犬俱出，上蔡東門逐狡兔，豈可得乎？」不僅丞相做不成了，連做一個布衣百姓與兒子外出狩獵的機會也沒有了，這是多麼典型的一個事例！

可惜李斯在身敗名裂之前，沒有領會「謝世當謝於正盛之時」的真諦。任何事都有個度，一個人的爵祿官位到了一定程度就要懂得急流勇退，否則到了盛極而衰的時候，後悔已晚。

86 一念天堂，一念地獄

【原文】

人生福境禍區，皆念想造成。故釋氏云：「利欲熾然即是火坑，貪愛沉溺便為苦海；一念清淨烈焰成池，一念驚覺船登彼岸。」

【譯文】

人生的幸福與苦惱是由自己的觀念所造成的，所以釋迦牟尼佛說：「名利的欲望太強烈就等於是火坑，貪婪之心太強烈就等於沉入苦海。只要有一絲純潔觀念就會使火坑變成水池，只要有一點警覺精神就能使火海變成樂園。」但若意識觀念略有不同，人生世界就會全面改變，所以一個人的所思所想必須慎重。

【人生感悟】

佛家說「相由心生，相隨心滅」，一個人如果心裡有了利欲之念，心馬上就會變成火一般熾烈的貪婪，這時你的人生幸福也就墮入痛苦地獄中。心能清淨，即使已經出現熾烈般的欲火，也能把它化為清涼水池。

人生的幸福與苦惱全由自己的觀念造成。觀念略有不同，人生境界就會全面改觀，因此，所思所想必須慎重。

佛經有一首勸誡人們早覺醒的詩寫道：

急急忙忙苦追求，寒寒暖暖度春秋。
朝朝暮暮營家計，昧昧昏昏白了頭。
是是非非何日了，煩煩惱惱幾時休。
明明白白一條路，萬萬千千不肯休。
光明大道人不往，牢門封鎖有人來。
天堂有路人不走，地獄無門非要鑽。
勸君早覓修行路，了脫三途八難災。

生活中，大多數人都明白這些道理，但是總有很多人，在自己受到了物欲誘惑的時候，卻使自己完全失去了清醒的頭腦，把「光明大道人不往，牢門封鎖有人來。天堂有路人不走，地獄無門非要鑽」早已拋到了九霄雲外，甚至明知道那是火坑，卻仍然義無反顧地跳下去，結果像飛蛾撲火一樣，不僅不可自拔，反而連自己的生命都失去了。所以人們的追求總是無止境，永遠都不感到滿足，那麼最終結果又是什麼呢？

正所謂「禍福苦樂，一念之差」，如果我們明白了這樣的道理，自然就會懂得和明白，人生的禍福苦樂，只不過是人為的一種虛擬的概念罷了，如果說富有的人是快樂的，那麼普通的人就沒有快樂嗎？

無論是貧窮還是富有，安居樂業才是人們所追求的幸福。

87 富者多憂，貴者多險

【原文】

多藏者厚亡，故知富不如貧乏無慮；
高步者疾顛，故知貴不如賤之常安。

【譯文】

財富愈多的人，愈怕失去財物，由此可知富有的人不如貧窮的人無憂無慮，兩袖清風不怕搶也不怕偷；身分地位很高的人，憂患自己的地位被人爭走，可見為官不如平民那樣逍遙自在。

【人生感悟】

俗語說：「謾藏誨盜。」又說：「多藏厚亡。」金錢是招禍之根。在金錢儲存太多的時候，如不設法預留退身之計，失敗的時候往往是一塌糊塗，倒不如無錢時候平安。

富豪長者，一旦破產，多因債台高築被逼而亡身，反而比貧窮的人痛苦。所以，有錢的人比不上貧窮的人無憂無慮。

在路上邁高步的人，當他跌倒的時候，要比一般人來得快些。這好比地位高貴的人，不及身分卑賤的人常能保持安穩。這並不是說富貴可厭而貧賤可愛，實在是因為世人多半知道富貴的利，而不知道其害。僅知道貧賤的苦而不知其樂，明白了貧富的利害得失，就知道富貴不足貪，貧賤亦不足厭。

有一個富商，生意做得紅火，每日操心、算計，多有煩惱。緊挨他家住著一戶窮苦人家，夫妻倆以做豆腐為生，雖說清貧辛苦，卻有說有笑。

富商的太太見此心生嫉妒，說：「別看咱家裡嵌銀鋪玉，但我老覺得還不如隔壁賣豆腐的窮夫妻，他們雖說窮，可快樂值千金呀！」

富商聽太太這樣講，便說：「那有什麼！我叫他們明天就笑不出來。」言罷，他一抬手將一只金元寶從牆頭扔過去。

次日清晨，那對窮夫妻發現了地上那塊來歷不明的金元寶，欣喜異常，都說發財了；再不用磨豆腐了。那麼用這些錢幹點什麼呢？他們盤算來，盤算去，又擔心被左鄰右舍疑心偷竊了錢財。如此這般，他們茶飯不思，寢席不寧。自此，再也聽不到他們的笑聲了。

一牆相隔的富商對他的太太說：「你看，他們不說了，不笑了，不再唱歌也不再快活了——當初我們不也是這樣開始的嗎？」

這富商看來也是明白人，只是鑽進了錢坑裡欲罷不能。

有些時候，剝奪人生的快樂與其說是刀兵相見，不如說是物欲圈套；耗盡我們生命的與其說是窮困的折磨，不如說是瑣碎的誘惑。人生一世，把我們弄得心灰意冷、精疲力竭的有時並非別人，往往就是被名韁利索死死糾纏的我們自己！

孔子說：「鄙夫！可與事君也哉？其未得之也，患得之。既得之，患失之。苟患失之，無所不至矣！」人處富貴之中能思貧賤之樂足見其平日修養，但許多人在貪求富貴時往往有過之而無不及。其實此時不須想貧賤之人之事，想想自己生老病死時只盼望能多活一天，只盼能在白雲下散散步的情形，爭名求貴，奪財爭富之心自然會平息。

88 人生本無常，悲歡何來

【原文】

狐眠敗砌，兔走荒台，盡是當年歌舞之地；露冷黃花，煙迷衰草，悉屬舊時爭戰之場。盛衰何常？強弱安在？念此令人心灰！

【譯文】

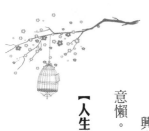

狐狸做窩的殘壁，野兔奔跑的荒台，都是當年美人歌舞的勝地；菊花在寒風中抖擻，枯草在煙霧中搖曳，都是以前英雄爭霸的戰場。興衰成敗如此無情，而富貴強弱又在何方呢？想到這些，就會使人產生無限感傷而心灰意懶。

【人生感悟】

李白在樂遊原上唱出「年年柳色，灞陵傷別」，「西風殘照，漢家陵闕」。東坡臨赤壁而詠成千古佳句：「江山如畫，一時多少豪傑。」劉禹錫的名篇《烏衣巷》：「朱雀橋邊野草花，烏衣巷口夕陽斜；舊時王謝堂前燕，飛入尋常百姓家。」勝跡懷古，各有情懷。世事滄桑，情隨境遷。最能代表「人生本無常，盛衰何足恃」的，莫過於《紅樓夢》中甄士隱悟道後，曾作一篇《好了歌》解注：

「陋室空堂，當年笏滿床；衰草枯楊，曾為歌舞場。蛛絲兒結滿雕梁，綠紗今又在蓬窗上，說什麼脂正濃，粉正香，如何兩鬢又成霜？昨日黃土隴頭埋白骨，今宵紅綃帳底臥鴛鴦。金滿箱，銀滿箱，轉眼乞丐人皆謗。正嘆他人命不長，那知自己歸來喪？訓有方，保不定日後作強梁；擇膏粱，誰承望流落在煙花巷。因嫌紗帽小，致使枷鎖扛；昨憐破襖寒，今嫌紫蟒長。亂烘烘，你方唱罷我登場，反認他鄉是故鄉。甚荒唐，到頭來，都是為他人作嫁衣裳。」

跛足道人說：「好便是了，了便是好。」又把「好」和「了」的含義引申一層，說只有和這個世界斬斷一切聯繫，也就是說只有徹底的「了」，才是徹底的「好」。所以他這首歌就叫《好了歌》。跛足道人的《好了歌》應該算是《紅樓夢》的精髓之一，表現了「浮生若夢」的意境。但是，古今中外又有多少人能看破紅塵、淡泊人生，徹底斷絕功名、利祿和家庭的雜念呢？曹雪芹的悲觀心態影射到賈寶玉身上，到最後賈寶玉領悟到「繁華過後一場空」的心境，而遁入空門了。

杜甫詩云：「天上浮雲如白衣，斯須改變如蒼狗。」人生本無常，盛衰何足恃？懂得了這些道理，心境便會淡然，煩惱自會消失。

職場生活

01	公司就是我的家	王寶瑩	定價：240元
02	改變一生的156個小習慣	憨氏	定價：230元
03	職場新人教戰手冊	魏一龍	定價：240元
04	面試聖經	Rock Forward	定價：350元
05	世界頂級CEO的商道智慧	葉光森 劉紅強	定價：280元
06	在公司這些事，沒有人會教你	魏成晉	定價：230元
07	上學時不知，畢業後要懂	賈宇	定價：260元
08	在公司這樣做討人喜歡	大川修一	定價：250元
09	一流人絕不做二流事	陳宏威	定價：260元
10	聰明女孩的職場聖經	李娜	定價：220元
11	像貓一樣生活，像狗一樣工作	任悅	定價：320元
12	小業務創大財富—直銷致富	鄭鴻	定價：240元
13	跑業務的第一本Sales Key	趙建國	定價：240元
14	直銷寓言--激勵自己再次奮發的寓言故事	鄭鴻	定價：240元
15	日本經營之神松下幸之助的經營智慧	大川修一	定價：220元
16	世界推銷大師實戰實錄	大川修一	定價：240元
17	上班那檔事--職場中的讀心術	劉鵬飛	定價：280元
18	一切成功始於銷售	鄭鴻	定價：240元
19	職來職往--如何找份好工作	耿文國	定價：250元
20	世界上最偉大的推銷員	曼尼斯	定價：240元
21	畢業5年決定你一生的成敗	賈司丁	定價：260元
22	我富有，因爲我這麼做	張俊杰	定價：260元
23	搞定自己 搞定別人	張家名	定價：260元
24	銷售攻心術	王擁軍	定價：220元
25	給大學生的10項建議：祖克柏創業心得分享	張樂	定價：300元
26	給菁英的24堂心理課	李娜	定價：280元
27	20幾歲定好位；30幾歲有地位	姜文波	定價：280元

身心靈成長

01	心靈導師帶來的36堂靈性覺醒課	姜波	定價：300元
02	內向革命-心靈導師A.H.阿瑪斯的心靈語錄	姜波	定價：280元
03	生死講座——與智者一起聊生死	姜波	定價：280元

04	圓滿人生不等待	姜波	定價：240元
05	看得開放得下——本煥長老最後的啓示	淨因	定價：300元
06	安頓身心--喚醒內心最美好的感覺	麥克羅	定價：280元
07	捨不得 「捨得」是一種用金錢買不到的「獲得」	檸檬公爵	定價：260元

典藏中國：

01	三國志--限量精裝版	秦漢唐	定價：199元
02	三十六計--限量精裝版	秦漢唐	定價：199元
03	資治通鑑的故事--限量精裝版	秦漢唐	定價：249元
04-1	史記的故事	秦漢唐	定價：250元
05	大話孫子兵法--中國第一智慧書	黃樸民	定價：249元
06	速讀二十四史--上下	汪高鑫李傳印	定價：720元
08	速讀資治通鑑	汪高鑫李傳印	定價：380元
09	速讀中國古代文學名著	汪龍麟主編	定價：450元
10	速讀世界文學名著	楊坤　主編	定價：380元
11	易經的人生64個感悟	魯衛賓	定價：280元
12	心經心得	曾琦雲	定價：280元
13	淺讀《金剛經》	夏春芬	定價：210元
14	讀《三國演義》悟人生大智慧	王　峰	定價：240元
15	生命的箴言《菜根譚》	秦漢唐	定價：168元
16	讀孔孟老莊悟人生智慧	張永生	定價：220元
17	厚黑學全集【壹】絕處逢生	李宗吾	定價：300元
18	厚黑學全集【貳】舌燦蓮花	李宗吾	定價：300元
19	論語的人生64個感悟	馮麗莎	定價：280元
20	老子的人生64個感悟	馮麗莎	定價：280元
21	讀墨學法家悟人生智慧	張永生	定價：220元
22	左傳的故事	秦漢唐	定價：240元
23	歷代經典絕句三百首	張曉清 張笑吟	定價：260元
24	商用生活版《現代36計》	耿文國	定價：240元
25	禪話•禪音•禪心禪宗經典智慧故事全集	李偉楠	定價：280元
26	老子看破沒有說破的智慧	麥迪	定價：320元
27	莊子看破沒有說破的智慧	吳金衛	定價：320元
28	菜根譚看破沒有說破的智慧	吳金衛	定價：320元

29	孫子看破沒有說破的智慧	吳金衛	定價：320元
30	小沙彌說解《心經》	禾慧居士	定價：250元
31	每天讀點《道德經》	王福振	定價：320元
32	推背圖和燒餅歌裡的歷史	邢群麟	定價：360元
33	易經：現代生活的智慧	孫三寶	定價：280元
34	《傳習錄》白話本	姜波	定價：330元
35	《史記》故事導讀	姜波	定價：340元
36	《資治通鑑》故事導讀	姜波	定價：300元
37	厚黑學全集【參】厚黑心術	李宗吾	定價：300元
38	《碧巖錄》中的100大智慧	于水音	定價：280元
39	入骨相思知不知一醉倒在中國古代情詩裡維小詞		定價：300元
40	厚黑學全集【肆】厚黑之道	李宗吾	定價：320元
41	一本書讀懂戰國史	秦漢唐	定價：420元

經典中的感悟

01	莊子的人生64個感悟	秦漢唐	定價：280元
02	孫子的人生64個感悟	秦漢唐	定價：280元
03	三國演義的人生64個感悟	秦漢唐	定價：280元
04	菜根譚的人生88個感悟	秦漢唐	定價：280元
05	心經的人生88個感悟	魯衛賓	定價：280元
06	論語的人生64個感悟	馮麗莎	定價：280元
07	老子的人生64個感悟	馮麗莎	定價：280元
05	易經的人生64個感悟	魯衛賓	定價：280元

人物中國：

01	解密商豪胡雪巖《五字商訓》	侯書森	定價：220元
02	睜眼看曹操-雙面曹操的陰陽謀略	長　浩	定價：220元
03	第一大貪官-和珅傳奇（精裝）	王輝盛珂	定價：249元
04	撼動歷史的女中豪傑	秦漢唐	定價：220元
05	睜眼看慈禧	李　傲	定價：240元
06	睜眼看雍正	李　傲	定價：240元
07	睜眼看秦皇	李　傲	定價：240元

08	風流倜儻-蘇東坡	門冀華	定價：200元
09	機智詼諧大學士-紀曉嵐	郭力行	定價：200元
10	貞觀之治-唐太宗之王者之道	黃錦波	定價：220元
11	傾聽大師李叔同	梁　靜	定價：240元
12	品中國古代帥哥	頤　程	定價：240元
13	禪讓--中國歷史上的一種權力遊戲	張　程	定價：240元
14	商賈豪俠胡雪巖(精裝)	秦漢唐	定價：169元
15	歷代后妃宮闈傳奇	秦漢唐	定價：260元
16	歷代后妃權力之爭	秦漢唐	定價：220元
17	大明叛降吳三桂	鳳　娟	定價：220元
18	鐵膽英雄一趙子龍	戴宗立	定價：260元
19	一代天驕成吉思汗	郝鳳娟	定價：230元
20	弘一大師李叔同的後半生-精裝	王湜華	定價：450元
21	末代皇帝溥儀與我	李淑賢口述	定價：280元
22	品關羽	東方誠明	定價：260元
23	明朝一哥 王陽明	呂 崢	定價：280元
24	季羨林的世紀人生	李 琴	定價：260元
25	民國十大奇女子的美麗與哀愁	蕭素均	定價：260元
26	這個宰相不簡單--張居正	逸 鳴	定價：260元
27	六世達賴喇嘛倉央嘉措的情與詩	任倬灝	定價：260元
28	曾國藩經世101智慧	吳金衛	定價：280元
29	魏晉原來是這麼瘋狂	姚勝祥	定價：280元
30	王陽明悟人生大智慧	秦漢唐	定價：280元
31	不同於戲裡說的雍正皇帝	秦漢唐	定價：240元
32	不同於戲裡說的慈禧太后	秦漢唐	定價：240元
33	~~不同於戲裡說的一代女皇武則天~~	~~秦漢唐~~	~~定價：240元~~
34	後宮女人心計	秦漢唐	定價：220元
35	心學大師王陽明	秦漢唐	定價：200元

三國文學館

01	三國之五虎上將 關雲長	東方誠明	定價：260元
02	三國志人物故事集	秦漢唐	定價：260元
03	三國之鐵膽英雄 趙子龍	戴宗立	定價：260元

中國四大美女新傳

01	壹 沉魚篇--西施	張雲風	定價：260元
02	貳 落雁篇--王昭君	張雲風	定價：260元
03	參 閉月篇--貂蟬	張雲風	定價：260元
04	肆 羞花篇--楊貴妃	張雲風	定價：260元

智慧中國

01	莊子的智慧	葉　舟	定價：240元
01-1	莊子的智慧-軟皮精裝版	葉　舟	定價：280元
02	老子的智慧	葉　舟	定價：240元
02-1	老子的智慧-軟皮精裝版	葉　舟	定價：280元
03	易經的智慧	葉　舟	定價：240元
03-1	易經的智慧-軟皮精裝版	葉　舟	定價：280元
04	論語的智慧	葉　舟	定價：240元
04-1	論語的智慧-軟皮精裝版	葉　舟	定價：280元
05	佛經的智慧	葉　舟	定價：240元
06	法家的智慧	張　易	定價：240元
07	兵家的智慧	葉　舟	定價：240元
08	帝王的智慧	葉　舟	定價：240元
09	百喻經的智慧	魏晉風	定價：240元
10	道家的智慧	張　易	定價：240元
10-1	道家的智慧-軟皮精裝版	張　易	定價：280元
11	菜根譚大智慧	魏晉風	定價：280元
12	心經的智慧	何躍青	定價：240元

商海巨擘

01	台灣首富郭台銘生意經	穆志濱	定價：280元
02	投資大師巴菲特生意經	王寶瑩	定價：280元
03	企業教父柳傳志生意經	王福振	定價：280元
04	華人首富李嘉誠生意經	禾　田	定價：280元
05	贏在中國李開復生意經	喬政輝	定價：280元
06	阿里巴巴馬　雲生意經	林雪花	定價：280元
07	海爾巨人張瑞敏生意經	田　文	定價：280元
08	中國地產大鱷潘石屹生意經	王寶瑩	定價：280元

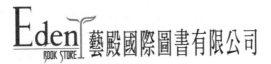

國家圖書館出版品預行編目資料

菜根譚的人生 88 個感悟 / 秦漢唐 作--
一版. -- 臺北市 :廣達文化, 2014.01
面 ; 公分. -- (文經閣)
ISBN 978-957-713-540-7(平裝)
1.修身 2.人生哲學

192.1 102025444

書山有路勤為經
學海無涯苦作舟

菜根譚的人生88個感悟

叢書別：經典中的感悟 04
作者：秦漢唐
文經閣
出版者：廣達文化事業有限公司
Quanta Association Cultural Enterprises Co. Ltd
編輯執行總監：秦漢唐
發行所：臺北市信義區中坡南路 287 號 4 樓
電話：27283588　傳真：27264126
E-mail：siraviko@seed.net.tw
印　刷：卡樂印刷排版公司
裝　訂：秉成裝訂有限公司
上　光：全代上光有限公司
代理行銷：創智文化有限公司
23674 新北市土城區忠承路 89 號 6 樓
電話：02-2268-3489　傳真：02-2269-6560
CVS 代理：美璟文化有限公司
電話：02-27239968　傳真：27239668
一版一刷：2014 年 1 月
定　價：280 元

書山有路勤為徑

學海無崖苦作舟

文經閣

書山有路勤為徑

學海無崖苦作舟